Salsa & Dip

★★★★★

Sind Sie mit diesem Titel zufrieden? Dann wurden wir uns uber Ihre Weiterempfehlung freuen. Erzählen Sie es im Freundeskreis, berichten Sie Ihrem Buchhändler oder bewerten Sie bei Onlinekauf. Und wenn Sie Kritik, Korrekturen, Aktualisierungen haben, freuen wir uns uber Ihre Nachricht an

Christian Verlag
Postfach 40 02 09
D-80702 Munchen
oder per E-Mail an lektorat@verlagshaus.de.

Unser Verlagsprogramm finden Sie unter
www.christian-verlag.de

Produktmanagement: Annika Genning
Textredaktion: Christina Wiedemann
Korrektur: Petra Tröger
Layout und Satz: Heike Gürtler, Gürtler Design
Umschlaggestaltung: Caroline Daphne Georgiadis, Daphne Design unter Verwendung eines Fotos von Manuela Rüther
Repro: Repro Ludwig, Zell am See
Herstellung: Bettina Schippel

Text, Rezepte, Fotografie:
Manuela Rüther, www.elaruether.de
Foodstyling: Stephan Kern
Assistenz: Charlotte Grün
Requisite und Beratung: Bettina Bormann

Dank an
3 punkt f - Melanie Follmer
Stephan und Fritz Lampen

Gesamtherstellung:
GeraNova Bruckmann GmbH
Printed in Slovenia by Korotan

Die Deutsche Nationalbibliothek verzeichnet diese Publikation in der Deutschen Nationalbibliografie; detaillierte bibliografische Daten sind im Internet über http://dnb.d-nb.de abrufbar.

ISBN 978-3-86244-226-3

Meine Empfehlung
Ihnen hat's mit »Salsa&Dip« gut geschmeckt?
Dann probieren Sie doch auch meine Rezepte in »Eis & Sorbet« oder »Wraps & Rolls«,
Ihre
Manuela Rüther

Salsa & Dip

100 Rezepte für das gewisse Extra

CHRISTIAN

Inhalt

Vorwort

Es gibt Menschen, die essen das Steak pur. Die Grillwurst vielleicht mit etwas Senf, den Salat mit ein wenig Essig & Öl. Voilà, c'est ça. Dann gibt es Leute wie mich, die nicht genug bekommen von Saucen, Dips & Chutneys. Die am liebsten an einem Tisch mit allerlei Salsas und Knabbereien sitzen; hier mal dippen, da mal probieren … hmmm, ist das lecker!

Sie fühlen sich angesprochen? – Super! Denn genau für Sie habe ich diese Rezepte geschrieben. Ich frage mich, warum ich je Ketchup gekauft habe? Oder Mayonnaise und BBQ-Saucen, um nur mal bei den Basics zu bleiben. Nur zu: Probieren Sie Ketchup aus Früchten! Oder ein Chutney mit Granatapfel, eine Avocadosalsa mit Blaubeeren und saurer Sahne? – Superlecker!

Lassen Sie sich inspirieren und wandeln Sie die Zubereitungen nach Ihrem Geschmack oder nach Saison ab. Viel Spaß und viel Freude beim Experimentieren und Schlemmen!

Geschickt mit Dip

Schluss mit langweiligen und schweren Saucen – leichte Dips, aromatische Chutneys und schnelle Salsas bringen Schwung auf den Tisch und machen Abendessen, Partyfood und Grillbüffet im Handumdrehen abwechslungsreich. Probieren Sie süßsaure Chutneys, Scharfes und Senfiges, fruchtige Salsas und nussig-kräutrige Pestos. Und damit alles gut wird, hier noch ein paar Tipps.

Was ist was?

Saucen

Salsa, Sauce, Dip ... Beim Kochen gibt es oft so viele Bezeichnungen für eine Sache, dass man gar nicht mehr durchblickt. Die meisten Begriffe sind nicht in Stein gemeißelt. Deshalb möchte ich Ihnen zunächst kurz erklären, was in diesem Buch mit *Sauce, Chutney, Relish, Salsa & Co.* gemeint ist. Der Begriff Sauce stammt vom mittellateinischen Wort „salsuva" für „salzige Brühe" und ist ein Überbegriff für alle kalten und warmen flüssig-sämigen Würzflüssigkeiten.

Chutney und *Relish* sind süßsaure, eher pikant abgeschmeckte Würzsaucen aus Obst und Gemüse, die meist eine sämig-stückige Konsistenz haben. Sie stammen aus Indien, wo sie meist extrem scharf abgeschmeckt werden und zum Curry gereicht werden. Die Engländer brachten Chutneys und Relishes während der Kolonialzeit nach Europa, wo sich eine abgemilderte, marmeladenartige Variante entwickelte. Der Unterschied zwischen Chutney und Relish ist fließend. Manchmal liest man, dass ein Chutney eher eine musartige Konsistenz hat, während das Relish stückiger bleibt. Häufig bezeichnet man mit Chutney eher die fruchtbetonten Zubereitungen und mit Relish eher die mit Gemüse.

Salsa ist das spanische Wort für Sauce. Häufig sind pikant abgeschmeckte, mehr oder weniger stückige Gemüsezubereitungen gemeint, die kalt zu Fisch und Fleisch oder zu Reis, Kartoffeln oder Nudeln gegessen werden. Manche Salsas, wie die traditionelle Tomatensalsa „pico de gallo" werden komplett aus rohen Zutaten zubereitet. In diesem Fall sind es fein gewürfelte Tomaten, Zwiebeln, Knoblauch und Chilischoten (Jalapeños), die mit Olivenöl, Limettensaft, Salz und Pfeffer vermischt und abgeschmeckt werden. Solche Salsas erinnern dann eher an einen fein geschnittenen Salat. Daneben gibt es Salsas, deren Zutaten gekocht und dann kalt serviert werden.

Dips sind kalte Saucen, die meist cremig und etwas dicklich sind, sodass Gemüse, Brot oder auch Fleisch hinein gedippt werden kann. Dips können herzhaft oder süß abgeschmeckt werden. Ihre Basiszutaten sind gekochte und pürierte Gemüse, Hülsenfrüchte oder Früchte. Auch Mayonnaise und Milchprodukte wie Joghurt, Crème fraîche, saure Sahne und Frischkäse eignen sich bestens für Dips.

Pesto und Tapenade

Das italienische Wort *Pesto* stammt von „pestare" und bedeutet zerstampfen oder zerdrücken (lustigerweise auch verprügeln und vermöbeln). Fürs klassische Pesto Genovese werden Basilikumblätter, Knoblauch und Pinienkerne im Mörser zu einer Paste zerdrückt und mit Olivenöl, Salz, Pfeffer und Parmesan oder Pecorino verrührt. Die Bestandteile lassen sich nach Herzenslust variieren: Rucola, Minze oder Koriander statt Basilikum. Kürbiskerne, Walnüsse, Mandeln statt Pinienkernen. Oder süß statt salzig. *Tapenade* ist eine südfranzösische Paste aus zerstampften Oliven, Knoblauch, Anchovis und Kapern. Die Südfranzosen genießen sie zusammen mit geröstetem Brot und einem Glas Pastis gern vor dem Essen. Häufig bezeichnet man andere Pasten als Tapenaden, zum Beispiel Tomatentapenade auf Basis getrockneter Tomaten.

Dressings oder *Salatsaucen* kommen in diesem Buch zwar nicht so viele vor, hier aber trotzdem ein paar Grundlagen, mit denen Sie sich jedes Dressing mixen können – ohne Rezept. Ein Dressing funktioniert nämlich immer nach dem gleichen Prinzip: Es enthält eine ausgewogene Mischung der Grundzutaten Öl, Säure und Süße, nach Belieben ergänzt durch Schärfe. Im einfachsten Fall bedeutet das 1 Teil Säure, 2 Teile Öl, dazu 1 Prise Zucker, Salz und Pfeffer und nach Belieben 1 Messerspitze Senf. Diese Basis kann man mit verschiedenen Essig- und Ölsorten variieren sowie mit gehackten Schalotten, Bärlauch und Knoblauch, Kräutern, Nüssen oder Gewürzen. Essig lässt sich auch durch Zitronen- oder Limettensaft ersetzen; statt Salz Sojasauce oder Fischsauce nehmen. Das Öl können Sie durch Joghurt oder ähnliche Milchprodukte ergänzen oder ersetzen. Und natürlich lassen sich alle möglichen Früchte hineinbringen – püriert oder als Saft, wie der Rote-Bete-Saft auf Seite 138 beschrieben. Voilà – das Dressing ist fertig!

Auf die Zutaten kommt es an!

Ich werde nicht müde, es zu schreiben. Je einfacher das Rezept, desto mehr kommt es auf gute und geschmacksintensive Zutaten an. Es gibt einige Produkte, bei denen mir immer wieder auffällt, wie groß die Unterschiede sind und wie anders die Ergebnisse schmecken. Dazu zählen natürlich alle Gemüse- und Obstsorten sowie Kräuter. Für einen Ketchup lohnt es sich, richtig reife Tomaten zu besorgen, auch wenn der Weg zum Markt oder besser zum Gemüsebauern etwas weiter ist als der in den Supermarkt und auch wenn es etwas teurer ist … Werden sehr fruchtig-süße Tomaten verwendet, kann man die Zuckermenge sogar reduzieren – aber solche Prachtexemplare finden sich leider nur zur Tomatenhauptsaison.
Einfacher wird es bei den Basiszutaten wie Essig und Öl, Senf, Gewürzen, Nüssen und Schokolade. Hier lohnt es sich, ein kleines Feinschmecker-Archiv anzulegen und die ein oder andere besondere Zutat im Internet zu bestellen. Gerade bei Pestos und Pasten steht und fällt der Geschmack mit der Grundzutat, dem Öl. Ein Chutney lebt unter anderem vom guten Essig. Muffige Nüsse verderben garantiert den Geschmack der Salsa. Haselnüsse aus dem Piemont dagegen, iranische Pistazien oder hochwertige Schokolade sind ein Traum!

Die richtige Sauce zum Gericht finden

Und wozu passen dann die Sauce, der Dip und das Chutney? Ich habe in den Rezepten versucht, möglichst viele Vorschläge zu machen. Oft wurde die Sauce schon mit einem Gericht fotografiert. Ein paar generelle Überlegungen, die das Kochen und Kombinieren erleichtern:
Eine Sauce soll ein Gericht „nach vorne bringen"; sie soll den Grundgeschmack möglichst nicht völlig übertönen, sondern ihn um neue Aromen und Konsistenten ergänzen oder sogar einen Kontrast bieten. Das heißt, wenn Sie eine Sauce zu einem cremig-milden Kartoffelstampf suchen, dann sollten Sie etwas Frisches, Gemüsiges auswählen wie eine rohe Salsa mit einer leichten Schärfe oder ein Pesto aus Kräutern. Oder genau das Gegenteil: das Püree mit einer dunklen Note erden, mit Balsamico-Schalotten oder einer Rote-Bete-Vinaigrette.

Noch ein Beispiel: Vielleicht suchen Sie eine Sauce zu einem gedünsteten Fischfilet. Hier möchten Sie das feine Fischaroma keinesfalls überdecken, sondern dem mageren Fleisch etwas Cremigkeit und ein wenig Frische geben. Mein Vorschlag wäre etwas Fleur de Sel und etwas Salzbutter mit ganz wenig Zitrone. Oder eine leichte Schaumsauce, wie die Brunnenkresse-Schaumsauce auf Seite 88.

Je „belastbarer" oder solider das Gericht, desto deftiger kann die Sauce sein. Kartoffeln vertragen Dressings mit Sahne oder gar Mayonnaise. Ein Steak vom Grill harmoniert mit einer würzigen BBQ-Sauce. Bei einem guten Steak bin ich durchaus puristisch und unterstreiche lediglich mit Fleur de Sel, frisch gemahlenem Pfeffer und Butter. Etwas sparsam dosieren sollte man Sahne. Sie legt sich leicht wie ein Teppich über die Aromen, betäubt den Geschmack und macht Saucen schnell schwer. Hier gilt: Die Dosis macht das Gift.

All das sind nur Vorschläge. Probieren Sie ruhig ungewöhnliche und scheinbar abwegige Kombinationen aus. Denn wie immer gilt in der Küche: Vieles ist Geschmacksache und die Hauptsache ist, dass es Ihnen schmeckt.

Klassische Stolperfallen – Wasser in Öl

Die meisten Rezepte in diesem Buch sind einfach zubereitet. Lediglich das Einkochen von Ketchup & Co. bedarf etwas Zeit und ständiges Umrühren, damit nichts anbrennt. Kompliziert wird es nur dann, wenn Wasser und Öl sich verbinden sollen, zum Beispiel bei den Klassikern wie Mayonnaise und Sauce hollandaise. Achten Sie darauf, dass Sie Öl oder Butter wirklich nur ganz langsam zugeben und dabei unaufhörlich rühren. Die Hollandaise bitte schnell aufessen und nicht aufbewahren. Bei der Mayonnaise kann ich die Blitz-Version empfehlen (siehe Seite 94).

Lagerung, Haltbarkeit und Küchenausstattung

Für alle Saucen gilt: Lagern Sie sie in gut verschlossenen Dosen oder Gläsern kühl und dunkel. Eine saubere Aufbewahrungsmöglichkeit sind Schraubgläser, kleine Glasflaschen oder Gefrierdosen. Schraubgläser und -flaschen bieten den Vorteil, dass Sie die Sauce heiß einfüllen und sofort verschließen können. Im verschlossenen Zustand sollte die Sauce einige Wochen halten. Beim Öffnen darauf achten, dass es ploppt und dass der Inhalt einwandfrei aussieht, riecht und schmeckt. Es kommt immer mal vor, dass Luft ins Glas gelangt ist. Falls Sie die Saucen nicht vakuumieren möchten, sollten sie nach dem Kochen vollständig auskühlen und erst dann mit einem Deckel verschlossen werden. Ansonsten bildet sich Kondenswasser, was wiederum Bakterien anregt.
Pestos sind durch ihren hohen Ölanteil mindestens 1 Woche haltbar. Der Rand des Glases sollte nach Benutzung sauber bleiben und das Pesto immer mit einer Ölschicht bedeckt sein. Saucen aus rohen Zutaten oder mit rohen Eiern halten sich am kürzesten. Sie verlieren auch im Kühlschrank schnell ihr frischknackiges Aroma und sind besonders schimmelanfällig. Bereiten Sie am besten nur kleine Portionen zu und lagern Sie sie nicht länger als 1–2 Tage. Saucen und Dips aus gekochten Zutaten sowie Frischkäse und anderen Milchprodukten schmecken bei richtiger Lagerung 3–4 Tage lecker.
Beim Essen oder beim Kochen dürfen die Saucen nicht zu lange im Warmen stehen. Gerade im Sommer passiert es schnell, dass etwas längere Zeit auf dem Grillbüffet steht. Die Reste sollten Sie dann im Zweifel lieber entsorgen, gerade bei frischen, nicht gekochten Salsas. Die Reste der selbst gemachten Mayonnaise, sofern es denn welche geben sollte, gehören nach einem sonnigen Outdoor-Essen auf jeden Fall entsorgt.
Die meisten gekochten Saucen lassen sich gut einwecken. Viele Saucen lassen sich auch einfrieren. Jedoch werden sie dabei nicht besser und verlieren ihren frischen Geschmack. Saucen auf Ölbasis können Sie nicht einfrieren.
Folgende praktische Utensilien erleichtern Ihnen bei den Rezepten das Leben: Mixer, Küchenmaschine, Pürierstab, Mörser, ein gutes Kochmesser, Schraub- oder Weckgläser, Flaschen, Schneebesen, kleine Töpfe, Schälchen und Gläschen zum Anrichten.

Süß & Sauer

Süßes oder Saures? Das ist hier nicht die entscheidende Frage, denn die folgenden Rezepte schmecken nur mit beiden Komponenten. Essig und Zucker in nicht zu knapper Dosierung bringen pikant-süße Marmeladen, Chutneys und Relishes ganz weit nach vorne.

Granatapfel-Chutney

zu Entenbrust

Für 4 Personen | Ergibt 300 ml
Zubereitung: 20 Minuten
Backen: 20 Minuten

Zutaten

Für das Chutney
1 Granatapfel
50 g Zucker
50 ml Balsamicoessig
150 ml Granatapfelsaft
Saft von 1 Orange
Salz
frisch gemahlener Pfeffer
etwas Stärke (mit Wasser angerührt)

Für die Entenbrust
4 Entenbrüste à 200 g
Olivenöl zum Braten
einige Zweige Thymian oder
Rosmarin zum Braten
1 EL Butter

Den Granatapfel halbieren und die Kerne herauslösen. Den Saft dabei auffangen. Den Zucker in einem Topf karamellisieren und mit dem Balsamicoessig ablöschen. Mit dem Granatapfelsaft und dem Orangensaft aufgießen und mit Salz und Pfeffer würzen. Den Sud um die Hälfte einkochen und mit etwas angerührter Stärke leicht binden. Die Granatapfelkerne hineingeben und alles 2 Minuten köcheln lassen. Nochmals abschmecken und erkalten lassen.

Den Backofen auf 100 °C vorheizen. Die Entenbrüste abwaschen, trocken tupfen und die Haut rautenförmig einritzen. Anschließend mit Salz und Pfeffer würzen und die Brüste samt Kräuter in heißem Olivenöl anbraten. Dabei zuerst die Fleischseite kurz braten, die Brüste dann umdrehen, die Hitze reduzieren und auf der Hautseite langsam kross braten. Das Fett soll schön goldbraun werden.

Die Entenbrüste mit den Kräutern in eine flache Form legen und in den Backofen stellen. 20–30 Minuten ziehen lassen, in dünne Scheiben schneiden und zusammen mit dem Chutney servieren.

Tipp: Das Granatapfel-Chutney schmeckt außerdem zu kurz gebratenem Fleisch und zu Fisch. Zu Käse ist es ebenfalls super.

Trauben-Chutney

zu Fischspießen

Ergibt 600 g Chutney | 12 kleine Fischspieße
Zubereitung: 30–40 Minuten

Zutaten

Für das Trauben-Chutney
600 g helle, kernlose Trauben
1 weiße Zwiebel
5 g frischer Ingwer
1 EL Olivenöl
3 EL Honig
3 EL Honigessig, alternativ 2 EL heller Balsamicoessig
Salz
Pfeffer
etwas Apfelsaft
1 TL Dijonsenf

Für die Fischspieße
300 g weißes, festes Fischfilet, z. B. Zander oder Seeteufel
Salz
frisch gemahlener Pfeffer
1 Zweig Rosmarin
ein kleines Stück unbehandelte Zitronenschale
Saft von ¼ Zitrone
je 1 EL Olivenöl und Butter zum Braten

Die Trauben waschen und in Stücke schneiden. Die Zwiebel schälen und fein würfeln. Den Ingwer schälen und sehr fein schneiden. Das Olivenöl in einer Pfanne oder einem flachen Topf erhitzen und die Zwiebeln darin glasig anschwitzen. Die Trauben und den Ingwer hineingeben, den Honig darüberträufeln und alles unter Rühren kurz braten.

Dann den Essig dazugeben, mit Salz und Pfeffer würzen und 10–15 Minuten unter Rühren köcheln. Sollte das Chutney zu dick werden, zwischendurch etwas Apfelsaft angießen. Am Ende den Senf unterrühren, das Chutney mit Salz und Pfeffer abschmecken und abkühlen lassen.

Inzwischen das Fischfilet nach Bedarf von der Haut schneiden, von Gräten oder Häuten befreien. In Würfel schneiden und auf kleine Holzspieße stecken. Von allen Seiten salzen und pfeffern.

Das Olivenöl mit dem Rosmarin und der Zitronenschale in einer Pfanne erhitzen und die Spieße darin rundherum anbraten. Die Hitze reduzieren, die Butter in die Pfanne geben und die Spieße mit dem Zitronensaft beträufeln. Unter Wenden 1–2 Minuten braten und zum Chutney servieren.

Tipp: Das Trauben-Chutney passt neben Fisch zu hellem Fleisch vom Schwein, Geflügel oder Kaninchen und zu Käse.

Rotwein-Zwiebel-Marmelade

zu Schweinebauchspießen

Ergibt 800 ml Marmelade | 8–10 Spieße
Zubereitung: 40 Minuten
Marinieren: 3 Stunden

Zutaten

Für die Schweinebauchspieße
500 g Schweinebauch
3 Zehen frischer Knoblauch
je 5 Zweige Thymian und Rosmarin
3–4 EL Olivenöl zum Marinieren
grobes Meersalz
frisch gemahlener, schwarzer Pfeffer
Metallspieße

Für die Rotwein-Zwiebel-Marmelade
1 kg rote Zwiebeln
2 Knoblauchzehen
2 EL Olivenöl
200 g Zucker
150 ml Portwein
200 ml Rotwein
75 ml frisch gepresster Orangensaft
75 ml Rotwein- oder Balsamicoessig
2 Zweige Thymian
Salz
frisch gemahlener Pfeffer

Den Schweinebauch in schmale Streifen schneiden und in ein flaches Gefäß legen. Die Knoblauchzehen schälen und fein zerreiben. Die Kräuter waschen, zupfen, fein hacken und mit dem Knoblauch, dem Olivenöl und dem Fleisch vermischen. Mit Folie abdecken und mindestens 3 Stunden im Kühlschrank marinieren.

Inzwischen die Zwiebelmarmelade zubereiten. Dafür die Zwiebeln und den Knoblauch schälen und in sehr feine Würfel schneiden. Das Olivenöl in einem Bratentopf erhitzen und beides darin anbraten. Den Zucker hinzugeben und so lange weiterbraten, bis sich dieser aufgelöst hat. Dann den Portwein, den Rotwein, den Orangensaft, den Essig und die Thymianzweige zugeben. Alles aufkochen und mit Salz und Pfeffer würzen.

Die Zwiebeln nun so lange unter Rühren köcheln, bis sie eine marmeladenähnliche Konsistenz haben. Das dauert 15–20 Minuten. Die Marmelade nochmals abschmecken, heiß in Schraubgläser füllen und diese sofort verschließen.

Das Schweinefleisch aus der Marinade nehmen und die Kräuter dabei etwas abstreifen. Das Fleisch auf die Spieße stecken und auf dem Grill schön kross braten. Die Spieße vor dem Servieren mit grobem Salz und frisch gemahlenem Pfeffer bestreuen. Mit der Zwiebelmarmelade und frischem Baguette servieren.

Tipp: Zwiebelmarmelade passt zu kurz gebratenem und gegrilltem Fleisch. Zu kräftigem Käse, besonders zu Ziegenkäse, schmeckt sie fein. Wer mag, kann die Marmelade mit Sternanis, Anis und Orangenschale weihnachtlich würzen. Zitronenthymian verleiht ihr im Sommer eine besonders frische Note.

Erbsen-Estragon-Relish

Ergibt 600 g | Zubereitung: 20 Minuten

Zutaten

600 g Erbsen (frisch oder TK)
1 Schalotte, gehackt | 4 Zweige Estragon, fein geschnitten
2 EL Olivenöl |1 EL Zucker
2 EL heller Balsamicoessig
Salz | frisch gem. Pfeffer

Erbsen in kochendem Salzwasser blanchieren, herausnehmen und kalt abbrausen. Etwas Kochwasser aufbewahren.

1 EL Olivenöl erhitzen, darin die Schalotte farblos anbraten. Kräuter und Erbsen dazugeben, mit Zucker bestreuen, unter Rühren 1 Minute braten. Mit Balsamicoessig und 2 EL Kochwasser ablöschen.

Kurz einkochen lassen, vom Herd nehmen und mit einem Kartoffelstampfer zerdrücken. Abschmecken, restliches Olivenöl einrühren, lauwarm oder kalt servieren.

Karotten-Relish

Ergibt 750 g | Zubereitung: 30 Minuten

Zutaten

750 g Karotten | 250 g Schalotten, beides fein gewürfelt | 1 EL Olivenöl | 100 g Honig | 100–150 ml Karottensaft | 100 ml Obstessig (Apfel) | Salz | frisch gem. Pfeffer

Karotten- und Schalottenwürfel in erhitztem Olivenöl farblos anbraten. Honig und Salz zugeben, 1 Minute braten. Mit Karottensaft und Essig ablöschen.

Alles aufkochen, zugedeckt 15–20 Minuten köcheln lassen. Falls nötig, Flüssigkeit nachgießen. Etwas zerstampfen und sämig einkochen, dann abschmecken.

Gebackenes Feigen-Chutney

Ergibt 300 g | Zubereitung: 25–30 Minuten

Zutaten

15 vollreife Feigen, gewürfelt | 2 EL Zucker | Fleur de Sel | 1 Zweig Zitronenthymian | 1–2 EL Himbeeressig
Saft von 1 Orange | 1 EL Senf | Salz
frisch gemahlener Pfeffer

Backofen auf 220 °C vorheizen. Feigen nebeneinander in einer flachen Form mit Zucker, Fleur de Sel und Zitronenthymianblättchen bestreuen. Himbeeressig und Orangensaft darüberträufeln, 10–15 Minuten im Backofen rösten.

Die heißen Früchte kurz hacken. Senf einrühren und abschmecken.

Kohlrabi-Mango-Relish

Ergibt 500 ml | Zubereitung: 30 Minuten

Zutaten

1 kleiner Kohlrabi | 1 weiße Zwiebel
1 vollreife Mango, alles fein gewürfelt
½ TL Senfsaat | 1 TL Koriandersamen
Saft und etwas Schale je von 1 unbehandelten Orange und Zitrone
1 EL Olivenöl | 2 EL Zucker | Salz

Senfsaat und Koriandersamen ohne Fett rösten, dann im Mörser zerstoßen.

Kohlrabi- und Zwiebelwürfel im erhitzten Olivenöl farblos anschwitzen. Mit Zucker 1 Minute braten. Temperatur reduzieren, Zitrusfrüchtesaft, Gewürze, Salz sowie Mangowürfel zugeben. Unter ständigem Rühren 15–20 Minuten köcheln lassen.

Süßsaure Gurken

Ergibt 400 g
Zubereitung: 40 Minuten

Zutaten

1 Salatgurke oder 2 Gartengurken
2 Schalotten
1 Knoblauchzehe
1–2 EL Honig
50 ml Weißwein
1 EL Weißweinessig
3 EL körniger Dijonsenf
Salz
Pfeffer
2 EL frischer Dill, gehackt
Olivenöl zum Braten

Die Gurken schälen, halbieren und entkernen; anschließend salzen, auf ein Sieb geben und 20 Minuten abtropfen lassen. Die Schalotten und die Knoblauchzehe schälen, die Schalotten würfeln und den Knoblauch fein schneiden. Die Gurken mit einem Küchentuch trocken tupfen.

Die Gurken in etwas heißem Olivenöl 2 Minuten scharf anbraten, die Zwiebeln zugeben und alles mit Honig beträufeln und kurz durchschwenken. Anschließend mit dem Wein ablöschen. Dann die Hitze reduzieren. Die Schalotten, den Knoblauch und den Essig zugeben und alles einige Minuten schmoren. Den Senf einrühren und mit Salz und Pfeffer würzen. Zuletzt den Dill unterrühren und die Gurken nochmals abschmecken.

Tipp: Die Gurken harmonieren mit frischem Kopfsalat und schmecken zu gebratenem oder gegrilltem Fleisch, Fisch und Meeresfrüchten.

Schoko-Birnen-Gewürz-Chutney

Ergibt 350 g
Zubereitung: 40 Minuten

Zutaten

3 feste Birnen
frisch gepresster Saft von 1 Zitrone
1 Schalotte
1 rote, mittelscharfe Chilischote
1 TL Koriandersamen
70 g Zartbitterschokolade
1 EL Olivenöl
1–2 TL Honig
2–3 EL Apfel- oder Birnenessig
Salz
1 Msp. Chiliflakes

Die Birnen schälen, würfeln und mit dem Zitronensaft vermischen. Die Schalotte schälen und fein würfeln. Die Chilischote nach Belieben entkernen (sie ist dann weniger scharf) und hacken. Die Koriandersamen in einer Pfanne ohne Fett rösten und in einem Mörser zerstoßen. Die Schokolade hacken und beiseitestellen.

Die Schalottenwürfel in Olivenöl anbraten, mit dem Honig beträufeln, 1 Minute weiterbraten und mit dem Essig ablöschen. Koriander, Chili und Birnen zugeben, salzen und 2 Minuten unter gelegentlichem Rühren schmoren. Die Flüssigkeit soll fast vollständig einkochen, die Birnen dürfen jedoch nicht zu weich werden.

Das Chutney vom Herd nehmen und die Schokolade in die noch heißen Birnen rühren. Alles kalt werden lassen und nach Belieben mit Chiliflakes nachwürzen.

Tipp: Das cremig-würzige Chutney schmeckt besonders gut zu gedünstetem oder gebratenem Fisch. Ich mag es gern zu gebratenem Seeteufel mit Fenchel-Orangen-Salat.

Holunder-Quitten-Chutney

Ergibt 750 ml | Zubereitung: 20–30 Minuten
Kochzeit: 30 Minuten

Zutaten

3–4 Quitten, ersatzweise saure
Äpfel | 500 ml Holundersaft
300 ml Apfelsaft | 50 ml Apfelessig
250 g Rübensirup oder Honig
Salz | frisch gemahlener Pfeffer

Quitten schälen und Kerngehäuse entfernen. Fruchtfleisch fein würfeln. Mit den anderen Zutaten in einen Topf geben, aufkochen und zugedeckt 30 Minuten köcheln lassen. Deckel abnehmen, das Chutney salzen und pfeffern und einkochen, bis es sämig ist. Nochmals mit Salz, Pfeffer und Essig abschmecken und erkalten lassen.

Tipp: Sternanis, Zimt oder Nelken mitkochen.

Grapefruit-Pfirsich-Chutney

Ergibt 750 ml | Zubereitung: 30–40 Minuten

Zutaten

700 g Pfirsiche | 4 unbehandelte Grapefruits
Schale und Saft von 1 unbehandelten Zitrone
2 weiße Zwiebeln | 2 Stangen Zitronengras
1 grüne Chilischote | 2 EL Olivenöl
300 g Zucker | Salz

Pfirsiche waschen, entsteinen und würfeln. Von einer Grapefruit etwas Schale abreiben, die Früchte anschließend auspressen. Zwiebeln schälen und sehr fein würfeln. Zitronengras mit einem Messer plattieren und in 2–3 grobe Stücke schneiden. Chilischote waschen und drei- bis viermal einritzen.

Olivenöl erhitzen und Zwiebeln anbraten. Zucker darüberstreuen und 2 Minuten rühren. Mit Grapefruit- und Zitronensaft ablöschen und Pfirsichstücke einrühren. Zitronenschale, Zitronengras und Chilischote ebenfalls zugeben und köcheln lassen, bis alles sämig ist. Mit Salz abschmecken.

Am Ende Zitronengras und Chilischoten entfernen. Das Chutney nach Belieben mit Zucker und Säure nachwürzen und kalt servieren.

Kirsch-Thymian-Chutney

Ergibt 750 g | Zubereitung: 20 Minuten
Backen: 20–30 Minuten

Zutaten

1 kg Kirschen (frisch oder TK)
3 rote Zwiebeln | 1–2 EL grüner Pfeffer
1 Bund Thymian | 100 g Zucker
Salz | Abrieb und Saft von 1 unbehandelten
Zitrone | 100 ml Rotweinessig | 50 ml Portwein

Backofen auf 220 °C vorheizen. Kirschen waschen und entsteinen. Zwiebeln schälen und sehr fein schneiden. Pfeffer in einem Mörser zerstoßen, Thymian waschen, trockenschütteln. Die Hälfte der Blätter abzupfen und den Rest mit einem Band zusammenbinden.

Kirschen nebeneinander auf einem tiefen Backblech verteilen und mit Thymian, Zucker, Pfeffer und einer Prise Salz bestreuen. Abrieb und Saft der Zitrone auf den Kirschen verteilen. Mit den Händen vermischen und im Ofen in 20–30 Minuten rösten.

Die gerösteten Kirschen mit Essig und Portwein in einen Topf geben. Thymianbund zugeben und alles aufkochen. Köcheln, bis es schön sämig ist. Abschmecken und kalt servieren.

Mais-Koriander-Chutney

zu Hühnerkeulen

Ergibt 400 g für 8 Hühnerkeulen
Zubereitung: 40–50 Minuten

Zutaten

Für die Hühnerkeulen
1 TL Koriandersaat
1 EL grobes Salz
etwas Abrieb von 1 unbehandelten Zitrone
8 kleine Hühnerkeulen (nur der untere Teil)
frisch gemahlener Pfeffer
Olivenöl zum Braten

Für das Mais-Koriander-Chutney
300 g Zuckermaiskörner (frisch, aus der Dose oder TK)
1 Bund Koriander mit Wurzeln
2 rote Zwiebeln
1 Knoblauchzehe
1 milde grüne Chilischote
2 EL Olivenöl
2 EL Zucker
100 ml Apfelsaft
2–3 EL heller Balsamicoessig
1–2 TL Dijonsenf

Für die Hühnerkeulen die Koriandersaat in einer Pfanne ohne Fett rösten, bis sie aromatisch duftet. In einem Mörser fein zerstoßen. Das grobe Salz zugeben und dieses grob zerstoßen. Den Zitronenabrieb untermischen.

Die oberen Enden der Hühnerknochen abschneiden oder zumindest die Haut dort so einschneiden, dass man sie hinunterschieben kann. Die Keulen mit dem Gewürzsalz und dem Pfeffer einreiben.

Den Ofen auf 160 °C vorheizen. Das Olivenöl erhitzen und die Hühnerkeulen darin von allen Seiten kross braten. Mit etwas Olivenöl beträufeln und die Keulen in 40–50 Minuten im Ofen fertig garen. Zwischendurch immer wieder wenden und mit dem entstandenen Sud oder Olivenöl beträufeln.

Inzwischen für das Chutney den Mais auf ein Sieb geben und mit kaltem Wasser abspülen. Das Koriandergrün und die Wurzel waschen und trocken schütteln. Die Blätter zupfen und beiseitelegen. Je nach Geschmack die halbe oder die ganze Korianderwurzel mit einem Messer oder im Mörser sehr fein zerkleinern. Die Zwiebeln schälen und fein würfeln. Den Knoblauch schälen und fein hacken. Die Chilischote waschen und einige Male einritzen.

Das Olivenöl in einem Topf erhitzen und die Zwiebelwürfel darin anbraten. Die Temperatur reduzieren und den Knoblauch, die Korianderwurzel, die Chilischote sowie den Mais 2 Minuten mitbraten. Alles mit Zucker bestreuen und unter Rühren 1 Minute weiterbraten. Mit Apfelsaft und Balsamicoessig ablöschen und kochen, bis die Flüssigkeit fast verdampft ist. Zuletzt den Senf einrühren. Das Koriandergrün fein schneiden und ebenfalls unter das Chutney rühren. Nochmals abschmecken und lauwarm oder kalt zu den Hühnerkeulen servieren.

Tipp: Das Chutney passt zu gebratenem oder gegrilltem Hähnchen und allen anderen Fleischsorten. Besonders gut schmeckt es zu Roastbeef und kalt mariniertem Fleisch. Auch Pasta oder Reisgerichte lassen sich damit toppen.

Scharf & Senfig

Hier wird's feurig: Chakalaka, Mojo Rojo und Sambal Oelek leuchten um die Wette. Chili, Kräuter und Ingwer überraschen im Senf und sorgen für exotisch-scharfe Geschmackserlebnisse.

Apfelkren

mit mariniertem Tafelspitz

Für 4 Personen
Zubereitung: 20 Minuten
Kochzeit: 2–3 Stunden

Zutaten

Für den Tafelspitz
400–600 g Tafelspitz
Salz | 2 große Zwiebeln
2 Karotten | ¼ Knolle Sellerie
einige Körner Pfeffer, Piment
und Wacholder
2 Lorbeerblätter

Für den Apfelkren
2 große Äpfel | 100 ml Apfelsaft
1 Prise Zucker
40–60 g Sahnemeerrettich im Glas
Salz | frisch gemahlener Pfeffer
1 Stück frischer Meerrettich

Für die Tafelspitzmarinade
2 EL Traubenkernöl
1 EL Weißweinessig
2–3 TL Senf | ½ Bund Radieschen
1–2 Schalotten oder Frühlingszwiebeln
½ Bund glatte Petersilie

Zunächst den Tafelspitz ansetzen: Fleisch kalt abspülen, in einen großen Topf geben und mit leicht gesalzenem Wasser bedecken. Zwiebeln halbieren und in einer Pfanne anrösten, anschließend zum Fleisch geben. Wurzelgemüse waschen, Sellerie grob hacken und mit den Karotten zum Fleisch geben. Gewürze in ein Stück Leinen einschlagen, zubinden und ebenfalls hineingeben.

Das Fleisch aufkochen, die Hitze reduzieren und den Tafelspitz 2–3 Stunden sanft köcheln lassen. Wenn man mit der Fleischgabel hineinsticht und das Fleisch leicht herunterrutscht, ist es fertig. Das Fleisch in der Brühe abkühlen lassen.

Für den Apfelkren die Äpfel schälen, das Kerngehäuse entfernen und das Fruchtfleisch würfeln. Die Apfelstücke mit dem Apfelsaft und dem Zucker in einen Topf geben und zugedeckt aufkochen. Die Äpfel in 10 Minuten weich dünsten, pürieren und erkalten lassen. Sollte das Apfelpüree zu flüssig sein, unter Rühren einige Minuten einkochen lassen und erkalten lassen.

Das Apfelpüree mit dem Sahnemeerrettich verrühren und mit Salz und Pfeffer abschmecken. Den frischen Meerrettich schälen, fein reiben und 1 EL zum Garnieren beiseitestellen. Den Rest unter den Kren rühren und diesen bis zur Verwendung abdecken und kühl stellen.

Für die Marinade das Traubenkernöl mit dem Essig, 2 EL Tafelspitzbrühe und dem Senf verquirlen. Die Radieschen waschen und in sehr dünne Scheiben schneiden. Die Schalotten schälen und in feine Ringe schneiden. Die Petersilie zupfen und fein schneiden.

Den Tafelspitz in dünne Scheiben schneiden und die Scheiben leicht überlappend auf einer Platte anrichten. Radieschenscheiben, Schalottenringe und Petersilie sowie den restlichen Meerrettich auf dem Fleisch verteilen. Die Marinade darübergießen. Das Fleisch zusammen mit dem Apfelkren servieren. Dazu schmecken ein gutes Sauerteigbrot, Brat- oder Salzkartoffeln.

Aprikosensenf

Ergibt 500 ml
Zubereitung: 25–30 Minuten

Zutaten

300 g reife Aprikosen
1 EL Zucker
1 Prise Fleur de Sel
2 Zweige Thymian
2 EL heller Balsamicoessig
300 g Senf
frisch gemahlener Pfeffer oder
Chiliflakes nach Geschmack

Backofen auf 200 °C vorheizen. Aprikosen waschen, entkernen und auf einem Blech oder in einer flachen Form verteilen. Zucker und Fleur de Sel darauf verteilen. Thymian waschen, trocken schütteln, zupfen und ebenfalls darübergeben. 10–15 Minuten backen.

Die warmen Aprikosen mit ihrem Sud und dem Balsamicoessig pürieren. Das Püree mit dem Senf mischen und mit Salz und Pfeffer oder nach Belieben mit Chiliflakes abschmecken.

Orangen-Feigen-Senf

Ergibt 600 ml
Zubereitung: 20 Minuten

Zutaten

300 g reife Feigen
1 EL Zucker
200 ml frisch gepresster Orangensaft
300 g grober Dijonsenf
Salz
frisch gemahlener schwarzer Pfeffer
2 TL Honigessig
nach Belieben etwas fein abgeriebene Orangenschale

Feigen waschen, nach Belieben schälen und fein würfeln. Zucker in einem Topf karamellisieren und mit Orangensaft ablöschen. Feigen hineingeben und 5–7 Minuten kochen.

Feigen mit einem Kartoffelstampfer zerdrücken und abkühlen lassen. Das Püree, falls nötig, nochmals aufkochen und köcheln, bis es sämig ist.

Feigenpüree mit dem Senf mischen und mit Salz, Pfeffer, Honigessig und nach Belieben mit Orangenschale (vorsichtig dosieren, da sie sehr intensiv schmeckt) abschmecken. Zu Käse servieren.

Tipps zu beiden Rezepten: Feigen- und Aprikosensenf schmecken beide toll zu gegrilltem Fleisch und zu Fisch vom Rost. Zum Würzen für Salatdressings eignen sich die süßen Senfvarianten ebenfalls. Mischen Sie einfach 2 EL Olivenöl mit 1 EL Balsamicoessig, 1–2 TL Senf. Mit Salz und Pfeffer abschmecken und zu Blattsalaten reichen.

Thai-Basilikum-Pfirsich-Senf

zu Scampi

Ergibt 300 g
Zubereitung: 10 Minuten

Zutaten

Für den Thai-Basilikum-Pfirsich-Senf
2 reife, weiche Pfirsiche
1 TL Honig
Saft von ½ Limette
3 Zweige Thai-Basilikum
¼ rote Thai-Chilischote
150 g Senf
1 Msp. Wasabipaste
etwas Fischsauce oder Salz

Für die Scampi
siehe Rezept Seite 112

Die Pfirsiche mit kochendem Wasser überbrühen und anschließend die Schale abziehen. Die Früchte halbieren, entkernen und das Fruchtfleisch mit dem Honig und dem Limettensaft in eine Küchenmaschine geben.

Basilikum waschen, trocken schütteln, die Blätter abzupfen und fein schneiden. Die Kerne der Chilischote entfernen und das Fruchtfleisch hacken. Beides ebenfalls in die Küchenmaschine geben. Alles mit dem Senf und der Wasabipaste pürieren.

Den Senf zuletzt mit Fischsauce oder Salz abschmecken und bis zur Verwendung kühl stellen. Den Pfirsichsenf sollten Sie innerhalb weniger Tage aufbrauchen. Durch die frischen Früchte ist er leicht verderblich.

Tipp: Der Pfirsich-Senf schmeckt zu gebratenen Gambas oder zu Fisch. Er passt außerdem zu kurz gebratenem Geflügel- und Schweinefleisch und eignet sich gut als Würzzutat für Dressings.

Ingwersenf

zu gebeiztem Zitronensaibling

Ergibt 400 g
Zubereitung: je 10 Minuten für den Senf und den Fisch
Beizen: 1½–2 Stunden

Zutaten

Für den Zitronensaibling
2–4 frische Saiblingfilets mit Haut (je ca. 150–250 g)
50 g grobes Salz
100 g Zucker
Schale von 2 unbehandelten Zitronen

Für den Senf
1 kleines Stück frischer Ingwer (etwa 1–1,5 cm)
1–2 TL eingelegter Sushi-Ingwer
400 g Senf
1 TL Honig
1 TL Zitronensaft

Zunächst den Fisch beizen: Dafür das Salz mit dem Zucker und dem Zitronenabrieb gut vermischen. Ein ausreichend großes Stück Küchenfolie ausbreiten. Es soll groß genug sein, um 2 Filets darin einzupacken.

Auf der Folie 2 EL der Beizmischung verteilen. Die Filets mit der Hautseite nach unten nebeneinander darauflegen. Die Oberseite der Filets mit 1 – 2 EL der Beizmischung bestreuen. Danach die Filets so aufeinanderklappen, dass die Hautseiten nach außen zeigen. Auf die obere Seite wiederum 1 EL Beizmischung verteilen.

Den Fisch in Folie gut verpacken und in einem flachen Gefäß etwa 1½–2 Stunden im Kühlschrank beizen. Das Päckchen zwischendurch einmal umdrehen. Die Filets anschließend gut abspülen und trocken tupfen. In dünne Scheiben schneiden und auf einer Platte anrichten.

Für den Senf den Ingwer schälen und zuerst sehr fein hacken, dann mit dem Messerrücken zerreiben. Den Sushi-Ingwer fein würfeln. Beides unter den Senf rühren und zuletzt mit dem Honig und dem Zitronensaft abschmecken. Zusammen mit dem Fisch servieren.

Chakalaka

Ergibt 500 g | Zubereitung: 25 Minuten

Zutaten

2 Karotten | 1 Zwiebel | 1 rote oder gelbe Paprika, alles gewürfelt
2–3 Fleischtomaten | 2 getrocknete Chilischoten (Menge nach Belieben), gehackt | 3 EL Olivenöl
1 TL Garam Masala
1 Msp. Kurkuma | ½ TL Zucker
1 Msp. Paprikapulver
1 TL Tomatenmark | Salz

Tomaten kurz mit kochendem Wasser überbrühen, häuten, Stielansätze entfernen, Kerne herausnehmen und auf einem Sieb abtropfen lassen, dabei den Sud auffangen. Das Tomatenfruchtfleisch würfeln.

Zwiebel-, Karotten- und Paprikawürfel in erhitztem Olivenöl anbraten. Mit Garam Masala und Kurkuma bestauben, 2 Minuten weiterbraten. Temperatur reduzieren, Zucker zugeben und 1–2 Minuten rühren.

Tomatenwürfel, Tomatensaft, Paprikapulver, Tomatenmark, Salz zugeben und alles 10–15 Minuten unter Rühren köcheln lassen. Sollte die Sauce zu dick werden, Wasser oder Tomatensaft angießen.

Mojo Rojo

Ergibt 200 ml | Zubereitung: 15 Minuten

Zutaten

1 rote Paprika | 100 ml Olivenöl | 2 rote Chilischoten, getrocknet | 3 Knoblauchzehen
2 TL Kreuzkümmel | 2 TL Paprikapulver
1 TL Zucker | 1 TL Salz | 1 EL Portweinessig

Paprika halbieren, Kerne entfernen und die Hälften waschen. 2 EL Olivenöl in einer Pfanne erhitzen, Paprika darin anbraten und die Temperatur reduzieren. Mit einem Deckel bedeckt 10 Minuten schmoren. Erkaltet mit allen übrigen Zutaten pürieren. Die Paste nach Belieben durch ein Sieb streichen.

Sambal Oelek

Ergibt 150 ml | Zubereitung: 20 Minuten

Zutaten

30 g Chilischoten, getrocknet
2 Knoblauchzehen, grob geschnitten
1 TL Zucker | 1 EL Olivenöl | 1 TL Essig
1 TL Tomatenmark |1 Prise Salz

Chilischoten in 200 ml Wasser aufkochen, Temperatur reduzieren, 15 Minuten ziehen lassen. Die Chilischoten samt Kochwasser und Knoblauch in eine Küchenmaschine geben. Zucker, Olivenöl, Essig, Tomatenmark und Salz zugeben, alles pürieren. In einem Topf sämig einkochen.

Harissa

Ergibt 100 g | Zubereitung: 10 Minuten

Zutaten

80 g frische, scharfe Chilischoten (Habaneros)
5 Knoblauchzehen, gehackt | 2 TL Kreuzkümmel | 2 TL Koriandersamen, beides geröstet, zerstoßen | 1 EL Salz | 1 EL Tomatenmark
1–2 EL Olivenöl | 1 Prise Zucker | frisch gepresster Zitronensaft | Olivenöl

Chilischoten waschen, längs aufschlitzen und entkernen. Alle Zutaten pürieren. Die Paste in ein Schraubglas füllen, mit Öl bedecken und im Kühlschrank lagern. Als Würzzutat für Schmorgerichte und Currys verwenden.

Rot-grüne-Pfeffersauce

zu Rindersteak

Für 4 Portionen
Zubereitung: 30–40 Minuten

Zutaten

Für die Pfeffersauce
4 Fleischtomaten
1 Zwiebel
2 Knoblauchzehen
3 EL grüner Pfeffer
2 EL Olivenöl
1–2 TL Zucker
200 ml passierte Tomaten
Salz
einige Spritzer Worcestersauce

Für das Rinderfilet
8 Stücke Rinderfilet à 100 g
8 Streifen Speck
Fleur de Sel
einige Rosmarin- und Thymianzweige
1 Knoblauchzehe zum Braten, angedrückt
Olivenöl zum Braten

Die Tomaten vierteln und die Kerne herauskratzen. Das Fruchtfleisch würfeln, die Kerne zum Abtropfen auf ein Sieb geben und den Saft auffangen. Die Zwiebel und die Knoblauchzehen schälen und fein würfeln. Den grünen Pfeffer in einem Mörser zerstoßen und etwas zum Bestreuen der fertigen Steaks beiseitestellen.

Das Olivenöl erhitzen und die Zwiebel- und Knoblauchwürfel darin anbraten. Sobald sie goldgelb sind, mit Zucker bestreuen und unter Rühren 2 Minuten weiterbraten. Die Hitze reduzieren und die Tomatenstücke, die passierten Tomaten und den grünen Pfeffer zugeben. Mit Salz und Worcestersauce abschmecken und die Sauce 15–20 Minuten köcheln lassen. Immer wieder umrühren.

Inzwischen das Fleisch zubereiten: Die Rinderfilets mit Speck umwickeln und mit Pfeffer und Fleur de Sel gut würzen. Die Filets zusammen mit den Kräutern und der Knoblauchzehe in Olivenöl von allen Seiten heiß anbraten. Die Hitze reduzieren, das Fleisch aus der Pfanne nehmen und die Pfanne etwas abkühlen lassen. Die Butter hineingeben und die Filets darin bei kleiner Hitze je nach Geschmack 3–5 Minuten nachbraten. Dabei mehrmals wenden und auch auf den Speckseiten braten.

Die Sauce unterdessen nochmals abschmecken und mit den Filetsteaks und dem restlichen grünen Pfeffer servieren. Dazu schmeckt Grau- oder Weißbrot und grüner Salat. Mit selbst gemachten Pommes oder Rosmarin-Brat-lingen wird daraus ein Festessen.

Tipp: Die Sauce schmeckt warm und kalt. Als Grillsauce ist sie unschlagbar!

Rote Thai-Currysauce

mit Kokos

Für 4 Portionen
Zubereitung: 30–40 Minuten

Zutaten

2 rote Zwiebeln
¼ Knolle junger Knoblauch
1 rote Paprika
2 Karotten
5 Tomaten
1 mittelscharfe Chilischote
3 EL Sesamöl
4 EL rote Currypaste
1 TL Honig oder Zucker
Saft von 1 Limette
200 ml Kokosmilch
1 EL Sojasauce
1 EL Fischsauce
3 EL grobe Kokosflocken
1 Bund Koriander
1 Zweig Thai-Basilikum
2 Zweige Minze

Zwiebeln und Knoblauch schälen und in Streifen schneiden. Paprika waschen, Kerne und Strunk entfernen und das Fruchtfleisch in Streifen schneiden. Karotten schälen und ebenfalls in Streifen schneiden. Tomaten waschen, vierteln, Kerne entfernen und das Fruchtfleisch würfeln. Die Kerne zum Abtropfen auf ein Sieb geben, dabei den Saft auffangen. Die Chilischote waschen und fein schneiden.

1 El Sesamöl in einem Wok erhitzen und die Zwiebeln, den Knoblauch sowie das restliche Gemüse heiß anbraten. Das Gemüse herausnehmen.

Die Hitze etwas reduzieren und das restliche Öl in den Wok geben. Die Currypaste unter Rühren rösten. Honig, Limettensaft, Tomatensud sowie Kokosmilch und 100 ml Wasser zugeben. Das Gemüse hineingeben und das Curry 10 Minuten köcheln lassen. Zwischendurch mit Sojasauce und Fischsauce abschmecken und immer wieder umrühren. Falls nötig noch etwas Wasser angießen.

Inzwischen die Kokosflocken in einer Pfanne ohne Fett rösten. Die Kräuter waschen, trocken schütteln und zupfen. Anschließend fein schneiden. Das Curry abschmecken und mit den Kräutern und Kokosflocken servieren. Dazu schmecken Basmatireis und kurzgebratenes Lamm- oder Rindfleisch.

Tipp: Probieren Sie die Currysauce mit anderen Gemüsesorten, etwa Blumenkohl, Brokkoli oder Bohnen. Zartes Schmorfleisch wie Tafelspitz oder das Bürgermeisterstück lassen sich bestens mitschmoren. Einfach schnetzeln, anbraten und mit dem Gemüse dazugeben.

Malzbiermarinade

mit scharfem Senf zu Schweinenackensteaks

Für 4 Steaks
Zubereitung: 30 Minuten
Marinieren: 6–12 Stunden

Zutaten

Für die Marinade
200 ml Malzbier
2 EL scharfer Senf
1 EL süße Sojasauce
1 TL Tamarindenpaste
2 EL Olivenöl
1 TL Honig
2 Knoblauchzehen
Salz
1 Stange Zitronengras

Für die Steaks
4 Schweinenackensteaks à 180 g
grob gemahlener Pfeffer
etwas Olivenöl zum Einreiben
Fleur de Sel
etwas Speisestärke (mit Wasser angerührt)
etwas Limettensaft

Das Malzbier mit dem Senf, der Sojasauce, der Tamarindenpaste, dem Olivenöl und dem Honig verrühren. Den Knoblauch schälen, fein hacken und mit etwas Salz zu einer Paste zerdrücken. Das Zitronengras mit dem Messerrücken andrücken und in Ringe schneiden. Beides in die Marinade geben.

Die Schweinenackensteaks gut mit dem Pfeffer und mit Olivenöl einreiben und in ein flaches Gefäß legen. Die Marinade über die Steaks geben und über Nacht marinieren.

Die Steaks aus der Marinade nehmen, etwas abtupfen und mit Fleur de Sel und Pfeffer würzen. Die Marinade um die Hälfte einkochen, durch ein Sieb geben und wiederum aufkochen. Mit etwas angerührter Speisestärke leicht binden und mit Limettensaft abschmecken. Die Steaks von beiden Seiten schön kross grillen und mit der heißen Sauce servieren.

Fruchtig & Gemüsig

Kirschen und Tomaten, Blaubeeren und Wassermelone, Brokkoli, Blumenkohl und Pflaumen … lecker-leichte Farbkleckse für das sommerliche Büffet. Und echte Hingucker für Ihre Grillparty!

Kirsch-Rosmarin-Sauce

Ergibt 500 ml
Zubereitung: 20–30 Minuten

Zutaten

750 g Kirschen
5–6 Zweige Rosmarin
50 g Zucker
125 ml Portwein
50 ml Balsamicoessig
Saft von 1 unbehandelten Orange
frisch gemahlener schwarzer Pfeffer
Salz

Die Kirschen waschen und entsteinen. Den Rosmarin waschen und trocken schütteln. Den Zucker in einem Topf karamellisieren. Wenn er goldbraun ist, mit dem Portwein, dem Essig und dem Orangensaft ablöschen und die Rosmarinzweige dazugeben.

Die Kirschen in den Sud geben, alles aufkochen und zugedeckt 15 Minuten köcheln. Den Rosmarin entfernen. Die Hälfte der Kirschen herausnehmen, pürieren und wieder hineinrühren. Bis zur gewünschten Konsistenz einkochen und mit Pfeffer, Salz und Zucker abschmecken. Heiß oder kalt zu Crottin de Chavignol (französischer Weichkäse aus Ziegenmilch) oder anderem Käse servieren.

Tipp: Falls keine Kirschsaison ist, verwenden Sie tiefgekühlte Kirschen oder notfalls Kirschen aus dem Glas.

Variante: Besonders lecker wird die Sauce mit gerösteten Kirschen. Dazu den Backofen auf 200 °C vorheizen. Die doppelte Menge Kirschen verwenden und diese entkernen, grob hacken und auf einem Backblech verteilen. Die Kirschen mit 1 EL Zucker und gehacktem Rosmarin bestreuen und im Backofen 20–30 Minuten rösten. Die Kirschsalsa mit den gerösteten Kirschen wie oben beschrieben fertigstellen.

Tomatenketchup

Ergibt 300 ml
Zubereitung: 40–50 Minuten

Zutaten

1,5 kg vollreife Tomaten
2 mittelgroße Zwiebeln
4 Knoblauchzehen
4 EL Tomatenmark
1 Lorbeerblatt
1 TL Piment
1 TL Pfefferkörner, grob zerstoßen
1 rote Chilischote, halbiert
einige Zweige Rosmarin, Thymian und Oregano nach Belieben
70 g brauner Zucker
80 ml Essig
1 EL Worcestersauce
1–2 TL Salz
frisch gemahlener schwarzer Pfeffer
Öl

Tomaten waschen und grob würfeln. Zwiebeln und Knoblauch schälen, würfeln und in Öl glasig dünsten. Tomaten, Lorbeerblatt, Piment und Pfefferkörner, Chilischote und Kräuterzweige zugeben. Aufkochen und bei niederiger Temperatur etwa 30 Minuten köcheln lassen. Immer wieder umrühren. Die Sauce pürieren und durch ein Sieb streichen.

Zucker in einem großen Topf karamellisieren und mit Essig ablöschen. Tomatensauce und restliche Zutaten zugeben und nochmals aufkochen. Unter Rühren köcheln, bis die Konsistenz sämig ist, das dauert etwa 20 Minuten. Ketchup mit Zucker, Salz, Essig und Worcestersauce abschmecken. Erkalten lassen.

Variante: Für Curryketchup rösten Sie 1–2 TL Currypulver zusammen mit den Zwiebeln und dem Knoblauch an. Um Chiliketchup herzustellen, kocht man nach dem Passieren 1–2 Thai-Chilischoten mit. Für Gewürzketchup verwenden Sie 1 Zimtstange, 3 Nelken und 1 Sternanis.

Blaubeer-Gewürzketchup

Ergibt 300 ml
Zubereitung: 40–50 Minuten

Zutaten

800 g Blaubeeren, frisch oder TK
150 g brauner Zucker | 200 ml Rotwein
100 ml Balsamicoessig | 1 Sternanis
1 Stück Orangenschale
1 Prise Kardamom | 1 Stange Zimt
Salz | frisch gemahlener schwarzer Pfeffer

Frische Blaubeeren waschen und verlesen, tiefgefrorene Früchte auftauen lassen. Zucker in einem ausreichend großen Topf karamellisieren. Sobald er bernsteinfarben aussieht, mit Rotwein und Balsamicoessig ablöschen. Alles aufkochen und Blaubeeren, Sternanis, Orangenschale, Kardamom und Zimt hineingeben. Mit Salz und Pfeffer würzen. Auf kleiner Temperaturstufe 20 Minuten köcheln lassen.

Gewürze herausnehmen und mit einem Stabmixer pürieren. Je nach Konsistenz nochmals aufkochen und einkochen, bis es schön dickflüssig und sämig ist. Erkalten lassen und mit Salz und Pfeffer abschmecken.

Tipp für alle Ketchups: Wenn Sie den Ketchup nicht sofort verwenden, füllen Sie es noch heiß in Twist-off-Gläser oder Flaschen und verschließen diese sofort. Durch das Vakuum hält sich Ketchup einige Wochen.

Aprikosen-Chili-Ingwer-Ketchup

Ergibt 300 ml
Zubereitung: 40–50 Minuten

Zutaten

1250 g Aprikosen | 30 g Ingwer
1 rote Thai-Chilischote | 100 g Honig
300 ml frisch gepresster Orangensaft
Saft von 1–2 Limetten | Salz
1–2 TL Chiliflakes nach Belieben

Aprikosen waschen, entsteinen und würfeln. Ingwer schälen und fein würfeln. Chilischote waschen und in feine Ringe schneiden. Honig in einem Topf erhitzen und mit Orangensaft ablöschen. Ingwer, Chilischote und den Saft von 1 Limette zugeben und 5 Minuten kochen. Aprikosen zugeben, umrühren und den Topf mit einem Deckel bedecken. Temperatur reduzieren und alles 15 Minuten köcheln lassen.

Aprikosen mit einem Stabmixer pürieren und nach Belieben durch ein Sieb streichen und wieder in einen Topf geben. Das Ketchup nun ohne Deckel und unter Rühren einkochen, bis es eine sämige und ketchupartige Konsistenz hat. Erkalten lassen und nochmals abschmecken. Nach Belieben Chiliflakes hineinrühren oder dazu servieren.

Wassermelonen-Kokos-Salsa

Ergibt 600 ml
Zubereitung: 20 Minuten

Zutaten

⅛ – ¼ Wassermelone ohne Kerne, gekühlt
Saft von 2 Orangen
1 Frühlingszwiebel
2 Zweige Koriander
2 EL grobe Kokosflocken
Fleur de Sel
frisch gemahlener schwarzer Pfeffer
1 TL Limettensaft
etwas Honig nach Geschmack

Wassermelone schälen und ein Drittel des Fruchtfleisches mit dem Orangensaft pürieren. Restliches Fruchtfleisch sehr fein würfeln. Die Frühlingszwiebel waschen und in feine Ringe schneiden. Den Koriander waschen, vorsichtig trocken tupfen, Blätter abzupfen und fein schneiden.

Das Melonenpüree mit den Melonenwürfeln, den Frühlingszwiebeln, dem Koriander und den Kokosflocken vermischen. Mit Salz, Pfeffer, Limettensaft und etwas Honig abschmecken und sofort servieren. Falls die Sauce länger steht, auf einem Büffet oder beim Grillen zum Beispiel, stellt man sie am besten auf Eis.

Tipp: Die Melonensalsa schmeckt fein zu gegrilltem oder kurz gebratenem, hellem Fleisch und zu Fisch. Wer mag, kann die Melonensalsa mit gewürfeltem Büffelmozzarella verfeinern. Mit Brotchips oder auf Knäckebrot serviert ist sie ein sommerliches Amuse-Gueule.

Ofenpfirsich-Kirschtomaten-Salsa

mit Feta und Thymian-Röstbrot

Ergibt 300 ml Salsa und 40 Brotchips
Zubereitung: 20–30 Minuten
Backen: 25–35 Minuten

Zutaten

Für die Salsa
125 g Kirschtomaten
125 g reife Pfirsiche
50 g Feta | Fleur de Sel
frisch gemahlener schwarzer Pfeffer
2 EL Olivenöl | 2 EL Honig
1 EL Zitronensaft | 2–3 Zweige Rosmarin

Für das Thymian-Röstbrot
3–4 Zweige Thymian
¼ Baguette vom Vortag
1–2 EL Olivenöl
grobes Meersalz aus der Mühle oder
Fleur de Sel
1 Knoblauchzehe

Backofen auf 220 °C vorheizen. Kirschtomaten und Pfirsiche waschen, Pfirsiche entkernen und grob würfeln. Feta ebenfalls würfeln und mit den Tomaten und Pfirsichen auf einem Backblech ausbreiten.

Alles mit Fleur de Sel und Pfeffer würzen und mit Olivenöl, Honig und Zitronensaft beträufeln. Zuletzt Rosmarin waschen, zupfen, hacken und auf der Tomaten-Pfirsich-Mischung verteilen. Alles mit den Händen vermischen und so auf dem Blech verteilen, dass die Zutaten möglichst nebeneinanderliegen.

Im vorgeheizten Backofen auf der oberen Schiene 15–20 Minuten backen. Sobald die Tomaten und die Pfirsiche weich sind und karamellisieren, das Blech herausnehmen. Das Gemüse samt Bratensaft in eine Küchenmaschine geben und pürieren. Nach Belieben durch ein Sieb streichen und abkühlen lassen.

Für das Röstbrot den Backofen auf 180 °C zurückschalten. Baguette in hauchdünne Scheiben schneiden und diese nebeneinander auf ein Backblech legen. Mit Olivenöl beträufeln und mit Meersalz bestreuen. Thymian waschen, zupfen und auf den Brotscheiben verteilen. Auf der mittleren Schiene in 10–15 Minuten goldbraun rösten.

Die Tomatensalsa nochmals mit Salz und Pfeffer abschmecken. Falls die Sauce zu dick ist, mit etwas Tomatensaft auf die gewünschte Konsistenz bringen. Zusammen mit den Chips servieren.

Tipp: Die Salsa schmeckt auch warm sehr gut. Sie passt gut zu kurz gebratenem oder gegrilltem Geflügel, zu Fisch und Krustentieren sowie zu Haloumi. Wer es scharf mag, gibt vor dem Backen fein gehackte Chilischote in die Tomaten-Pfirsich-Mischung.

Asiatische Ananassauce

Ergibt 500 ml
Zubereitung: 15–20 Minuten

Zutaten

¼ Ananas
¼ rote Thai-Chilischote
300 ml frisch gepresster Orangensaft
Saft von 1 Limette
1 TL helle Sojasauce
3 EL Honig
1 TL Speisestärke

Die Ananas schälen, den Strunk herausschneiden und das Fruchtfleisch sehr fein würfeln. Die Chilischote waschen, längs halbieren und die Kerne herausschaben; das Fruchtfleisch anschließend sehr fein hacken.

Die Chilischote zusammen mit dem Orangensaft sowie dem Limettensaft, der Sojasauce und dem Honig aufkochen. Die Speisestärke mit 2 EL Wasser glatt rühren, unter Rühren in die kochende Sauce geben. Alles 2 Minuten köcheln lassen, dann die Ananaswürfel hineingeben und weitere 2 Minuten kochen. Abkühlen lassen, dann noch einmal gut abschmecken und servieren.

Tipp: Die Sauce passt zu asiatischen Salaten, zum Beispiel zu Glasnudelsalat mit Paprika und Koriander. Sie harmoniert aber auch mit Frühlings- und Sommerrollen. Beim Grillen ist sie ein süß-scharfer Dip.

MILLING

Brokkolidip

Ergibt 500 ml | Zubereitung: 30 Minuten

Zutaten

50 g Weißbrot oder Toastbrot ohne Rinde, gewürfelt | 150 ml Milch | 30 g Butter | 200 g Brokkoli, fein gewürfelt | Salz | 1 Prise Muskat
1 kleine Knoblauchzehe, fein gewürfelt
2 EL Olivenöl | 1 Spitzer Zitronensaft

Weißbrotwürfel in eine Schüssel geben und mit etwas Milch bedecken.

Butter in einer Pfanne zerlassen, den Brokkoli darin anbraten. Mit Salz und Muskat würzen und mit der restlichen Milch begießen. Bedeckt 5 Minuten schmoren. Zwischendurch einmal umrühren.

Brokkoli, Knoblauch, Weißbrot, Olivenöl und Zitronensaft zugeben und pürieren. Abschmecken und warm, lauwarm oder kalt servieren.

Eingelegte Safranbirnen

Ergibt 500 ml | Zubereitung: 30 Minuten

Zutaten

4 feste, aber aromatische Birnen, geschält und gewürfelt | Saft von 1 Zitrone
75 g Zucker | 200 ml Birnensaft
100 ml Gemüsefond | 100 ml Apfelessig
1–2 TL | Safranfäden | Salz | 1 Prise frisch gem. Pfeffer | 1–2 EL Olivenöl | 1 TL Senf

Birnenwürfel mit Zitronensaft vermischen. Zucker karamellisieren, mit Birnensaft und Gemüsefond ablöschen. Safranfäden hineingeben, mit Salz und Pfeffer würzen, aufkochen.

Birnen abgießen und in den kochenden Sud geben. Temperatur reduzieren, die Würfel 10–15 Minuten knapp unter dem Siedepunkt ziehen lassen. Sobald sie weich sind, Olivenöl und Senf einrühren. Mit Zitronensaft, Salz und Pfeffer abschmecken.

Spanischer Tomatendip

Ergibt 350 ml | Zubereitung: 20 Minuten

Zutaten

300 g reife Tomaten, grob gehackt | 1 Zehe junger Knoblauch | 90 g Weißbrot oder Toastbrot ohne Rinde, gehackt | 30 ml Olivenöl
Salz | frisch gem. schwarzer Pfeffer

Tomatenwürfel mit Knoblauch pürieren und durch ein Sieb drücken. Die Tomatenkerne und Schalen dabei gut ausdrücken und wegwerfen.

Die Brotwürfel mit Tomatenpüree und Olivenöl vermischen, mit Salz und Pfeffer würzen, 10 Minuten ziehen lassen. Noch einmal pürieren und servieren.

Blumenkohldip

Ergibt 250 g | Zubereitung: 25 Minuten

Zutaten

300 g Blumenkohl, fein geschnitten | 1 Zwiebel, fein gewürfelt | 2 EL Olivenöl | 1 TL Kurkuma | 1 TL gemahlener Kreuzkümmel | 1 TL Honig | 2 TL Zitronensaft | Salz | frisch gem. Pfeffer | 1–2 EL Schmand | einige Zweige glatte Petersilie, fein geschnitten | 1 EL geröstete Nüsse | Piment d'Espelette (oder anderes Paprikapulver) | Olivenöl

Blumenkohl von allen Seiten in erhitztem Olivenöl goldbraun braten. Zwiebeln, Kurkuma und Kreuzkümmel mitrösten. Temperatur reduzieren, mit Salz und Pfeffer würzen, Honig zugeben. Mit Zitronensaft und 70 ml Wasser unter Rühren schmoren, bis die Flüssigkeit verdampft ist.

Blumenkohl abkühlen lassen, mit Schmand fein pürieren. Petersilie unterrühren. Den Dip mit Nüssen, Petersilie und Piment d'Espelett bestreuen.

Pflaumen-Würzsauce

zu Spareribs

Ergibt etwa 500 ml
Zubereitung: 35–40 Minuten

Zutaten

1 kg Pflaumen
500 g Tomaten
2 Knoblauchzehen
1 EL Kreuzkümmel
1 EL Koriandersaat
1 EL schwarzer Pfeffer
1 Stück Anis
70 g Waldhonig oder Rübensirup, ersatzweise Honig
80 ml Apfelessig
200 ml Apfelsaft
je 1 EL süße und salzige Sojasauce
2 EL Worcestersauce
1 Sternanis
2 cm Schale von einer unbehandelten Orange
1 Zimtstange

Die Pflaumen waschen und entkernen. Die Tomaten waschen, die Stielansätze herausschneiden und die Tomaten grob würfeln. Die Knoblauchzehen schälen. Den Kreuzkümmel und den Koriander in einer Pfanne ohne Fett rösten und zusammen mit dem Pfeffer und dem Anis in einem Mörser zerstoßen.

Die Gewürze mit dem Honig, dem Apfelessig, dem Apfelsaft, der Sojasauce und der Worcestersauce in einem Bratentopf erhitzen. Pflaumen und Tomaten sowie Sternanis, Orangenschale und die Zimtstange hinzugeben. Alles aufkochen und zugedeckt 20 Minuten köcheln lassen.

Nun den Sternanis, die Zimtstange und die Orangeschale herausnehmen und alles pürieren. Das Püree mithilfe einer Suppenkelle durch ein Sieb drücken. Die Pflaumensauce anschließend nochmals aufkochen und köcheln lassen, bis sie sämig ist und eine ketchupartige Konsistenz hat.

Tipp: Spareribs lassen sich mit der Pflaumensauce bestens marinieren. Dafür die Spareribs vorbereiten: Die Rippchen mit leicht gesalzenem Wasser bedecken und mit etwas Wurzelgemüse und Zwiebeln 1,5–2 Stunden köcheln lassen. Großzügig mit Olivenöl sowie Pflaumensauce einreiben und im Ofen oder auf dem Grill knusprig braten.

Rhabarber-Erdbeer-Salsa

Für 4 Portionen
Zubereitung: 20–25 Minuten

Zutaten

Für die Salsa
2–3 Stangen Rhabarber
250 g Erdbeeren
2 EL Zucker
Saft von 1 Limette
Saft von 2 Orangen
1 EL grüner Pfeffer
2 EL Olivenöl
Fleur de Sel

Für den Spargel
je 2 Bund grünen und weißen Spargel
1 Prise Zucker
etwas Zitronensaft
Olivenöl zum Braten

Rhabarber und Erdbeeren waschen, putzen und fein würfeln. Zucker in einem flachen Topf karamellisieren. Sobald er bernsteinfarben ist, mit dem Limetten- und Orangensaft ablöschen und warten, bis sich der Karamell aufgelöst hat und die Flüssigkeit fast eingekocht ist.

Grünen Pfeffer in einem Mörser zerstoßen und mit dem Rhabarber in den Sud geben. Umrühren, 1 Minute köcheln lassen und anschließen Erdbeerwürfel und Olivenöl einrühren. Die Salsa sofort vom Herd nehmen und mit Fleur de Sel abschmecken.

Für den Spargel den weißen Spargel schälen, vom grünen Spargel nur den verholzten Teil schälen. Die Stangen unten abschneiden und der Länge nach halbieren oder vierteln. Den Backofen auf 150 °C vorheizen. Olivenöl in einer Pfanne erhitzen und so viele Stangen, wie in die Pfanne passen, darin 5–7 Minuten braten. Sie sollen knackig bleiben. Am Ende der Garzeit mit etwas Zucker, Fleur de Sel und Zitronensaft abschmecken, nochmals durchschwenken. Die fertigen Stangen im Ofen warm halten und so verfahren, bis alle Stangen gebraten sind. Zur lauwarmen oder kalten Salsa servieren.

Tipp: Spargel und Salsa schmecken auch kalt als Salat. Dazu die Spargelstangen in Stücke schneiden und mit etwas Salsa verrühren. Mit Zitronensaft, Olivenöl, Zucker, Salz und Pfeffer abschmecken. Nach Belieben Wassermelone, Pflücksalate und Büffelmozzarella dazugeben.

Rote-Bete-Himbeer-Sauce

zu jungem Spinat

Ergibt 300 ml
Zubereitung: 10 Minuten

Zutaten

150 g Himbeeren (frisch oder TK)
75 ml Rote-Bete-Saft
1–2 TL Honig
1 TL Zitronensaft
75 ml Olivenöl
Salz
frisch gemahlener Pfeffer
2–3 Handvoll frische Babyspinatblätter
150 g Himbeeren zum Bestreuen
etwas gehobelter Parmesan für den Salat

Die Himbeeren mit dem Rote-Bete-Saft, dem Honig, dem Zitronensaft und dem Olivenöl pürieren und nach Belieben durch ein Sieb drücken. Mit Salz und Pfeffer abschmecken. Den Spinat waschen und trocken schleudern.

Den Salat kurz vor dem Servieren mit dem Dressing marinieren, salzen und pfeffern und mit den frischen Himbeeren und dem gehobelten Parmesan servieren.

Dazu passt gebratene oder gedünstete Hühnchenbrust und frisches Baguette.

Tipp: 2–3 EL Joghurt oder Buttermilch geben dem Dressing eine cremige Frische.

Auberginen-Minz-Paste

Für 2–3 Personen
Zubereitung: 15 Minuten
Backen: 20–25 Minuten

Zutaten

1 Aubergine
Salz
4 EL Olivenöl
4 Zehen junger Knoblauch
4 Zweige Minze
einige Zweige glatte Petersilie
1 EL Pinienkerne
frisch gemahlener Pfeffer
1 TL Zitronensaft
etwas Zucker oder Honig

Die Aubergine halbieren und die Schnittflächen mit einem scharfen Messer rautenförmig einritzen. Anschließend mit Salz einreiben, mit den Schnittflächen nach unten legen und 15 Minuten „weinen lassen". Den Backofen auf 200 °C vorheizen.

Inzwischen den Knoblauch schälen, fein reiben und mit etwas Olivenöl zu einer Paste verrühren. Die Auberginenhälften abspülen, auf ein Backblech setzen und die Schnittkanten mit der Knoblauchpaste bestreichen. 2 EL Olivenöl über die Auberginen geben und diese im Ofen 25–30 Minuten backen. Wenn das Fruchtfleisch weich ist, sind sie fertig.

Die Minze und die Petersilie waschen, trocken schütteln und die Blätter abzupfen. Die Kräuter fein schneiden. Die Pinienkerne in einer Pfanne ohne Fett goldbraun rösten und grob hacken.

Das weiche Auberginenfruchtfleisch mit einem Löffel aus der Schale kratzen und mit dem restlichen Olivenöl in eine Küchenmaschine geben und pürieren. Die Pinienkerne, die Minze und die Petersilie zum Schluss unterrühren und die Paste mit Pfeffer, Zitronensaft und Zucker oder Honig abschmecken.

Nussig

Aromatisch und angenehm sämig schmiegen sich diese nussigen Saucen an unseren Gaumen. Gesund sind sie überdies. Genießen Sie cremige Avocadosalsa, aromatische Pestos oder feine Nusssaucen.

Maronen-Apfel-Dip

mit Gewürzen

Ergibt 500 ml Dip
Als Vorspeise für 4 Personen
Zubereitung: 15 Minuten für den Dip
und 10 Minuten für die Kohlrabischeiben

Zutaten

Für den Maronendip
100 g Maronen (vakuumiert, geschält
und gekocht)
2 mittelgroße saure Äpfel
1 EL Zucker
Saft von 3 Orangen
1 EL frisch gepresster Zitronensaft
etwas Abrieb von 1 unbehandelten Orange
Salz
etwas frisch gemahlene Muskatnuss
100 g Joghurt

Für die karamellisierten Kohlrabischeiben
2 Kohlrabi mit Blättern
Olivenöl
etwas Zucker
3–4 EL frisch gepresster Orangensaft
etwas Zitronensaft
Fleur de Sel

Maronen hacken. Äpfel schälen, Kerngehäuse entfernen und das Fruchtfleisch würfeln. Zucker in einem Topf karamellisieren und mit Orangen- und Zitronensaft ablöschen. Mit Orangenschale, Salz und etwas Muskatnuss würzen. Maronen und Apfelstücke hinzufügen und zugedeckt 10 Minuten köcheln.

Alles in einer Küchenmaschine pürieren und erkalten lassen. Das Maronenpüree mit dem Joghurt verrühren und nochmals abschmecken. Sollte das Püree zu dick sein, mit etwas Apfelsaft auf die gewünschte Konsistenz bringen.

Für die Kohlrabischeiben einige schöne, kleine Blätter abzupfen und beiseitelegen. Restliche Blätter abschneiden und die Kohlrabi schälen. In dünne Scheiben schneiden.

Olivenöl in einer Pfanne erhitzen und die Scheiben darin von beiden Seiten 2 Minuten anbraten. Am Ende der Bratzeit mit dem Zucker bestreuen und die Scheiben unter Wenden weiterbraten, bis der Zucker karamellisiert ist. Mit Orangen- und Zitronensaft beträufeln, 1 Minute weiterbraten und mit Fleur de Sel würzen. Die Blätter waschen und fein schneiden, die Kohlrabischeiben damit bestreuen und lauwarm zusammen mit dem Dip servieren.

Tipp: Der Maronen-Apfeldip ist ein feiner Brotaufstrich und schmeckt besonders gut zu hellem, gedünstetem Fleisch, zu gedünstetem Gemüse oder zu Gemüserohkost.

Scharfe Erdnusssauce

Ergibt 400 ml
Zubereitung: 20 Minuten

Zutaten

200 g geröstete Erdnüsse
3 EL Erdnussöl | 1 getrocknete Chilischoten
400 ml Kokosmilch
Saft von 1 Limette | 1 Msp. Paprikapulver
3 EL gesüßte Sojasauce
1 EL Palmzucker
1 TL Sambal Oelek | 1 TL Chiliflakes

Erdnüsse in einer Küchenmaschine fein mahlen. Erdnussöl in einer Bratpfanne erhitzen und die Erdnüsse mit der Chilischoten darin 2 Minuten braten. Die Kokosmilch, den Limettensaft, das Paprikapulver, die Sojasauce, den Palmzucker und das Sambal Oelek zugeben, aufkochen und die Sauce bei kleiner Hitze 10 Minuten einkochen lassen. Immer wieder umrühren. Sobald die Sauce schön sämig ist, abkühlen lassen und mit den Chiliflakes servieren.

Limetten-Erdnuss-Sauce mit Ingwer

Ergibt 400 ml
Zubereitung: 20 Minuten

Zutaten

200 g geröstete Erdnüsse
10 g frischer Ingwer | 3 EL Erdnussöl
400 ml Kokosmilch | Saft von 1 Limette
etwas Abrieb von 1 unbehandelten Limette
3 EL gesüßte Sojasauce
1 EL Palmzucker
frisch gemahlener Pfeffer

Erdnüsse in einer Küchenmaschine fein mahlen. Ingwer schälen und fein reiben. Erdnussöl in einer Bratpfanne erhitzen, Ingwer und Erdnüsse 2 Minuten darin braten. Kokosmilch, Limettensaft und -abrieb, Sojasauce, Palmzucker und Pfeffer zugeben, aufkochen und die Sauce bei niedriger Temperatur 10 Minuten einkochen lassen. Immer wieder umrühren. Sobald die Sauce schön sämig ist, abkühlen lassen und servieren.

Walnusscreme mit Kresse

Ergibt 250 g
Zubereitung: 10 Minuten

Zutaten

50 g Walnüsse | 200 g Frischkäse
Salz | schwarzer Pfeffer aus der Mühle
1 TL frisch gepresster Zitronensaft
1 TL frisch gepresster Orangensaft
etwas Abrieb von 1 unbehandelten Orange | 2 Kästchen Gartenkresse

Nüsse in einer Pfanne ohne Fett rösten und in der Küchenmaschine mahlen. Mit dem Frischkäse verrühren. Die Creme mit Salz, Pfeffer, Zitronen- und Orangensaft und Orangenabrieb vermischen. Kresse fein schneiden, unterrühren und nochmals abschmecken.

Zusammen mit Knäckebrot und nach Belieben mit geräuchertem Fisch als Snack servieren. Schmeckt auch als Brotaufstrich klasse.

Rohe Melonen-Chili-Cashewnuss-Salsa

Ergibt 350 g
Zubereitung: 10–15 Minuten

Zutaten

200 g Melonenfruchtfleisch (Cantaloupe-, Honig- oder Galiamelone)
1 rote mittelscharfe Chilischote
150 g Cashewkerne | 1 Msp. Honig
1 TL Zitronensaft | Salz
Chiliflakes nach Belieben

Melonenfruchtfleisch grob würfeln, dabei den Saft auffangen. Chilischote waschen, nach Belieben entkernen und fein schneiden. Cashewkerne in einer Pfanne ohne Fett goldbraun rösten.

Melonenwürfel, den aufgefangenen Saft, Chilischotenstreifen und Cashewnüsse in eine Küchenmaschine geben. Honig, Zitronensaft und etwas Salz zugeben und alles pürieren. Nochmals abschmecken und mit Chiliflakes nach Belieben nachschärfen.

Tipp: Die Salsa gut gekühlt zu Satéspießen, zu kurz gebratenem Fleisch oder Fisch servieren. Schmeckt auch zu gegrilltem oder gebratenem Tofu, zu gebratenen Auberginenscheiben oder gegrilltem Gemüse.

Sesamvinaigrette mit Koriander

zu Petersilienwurzeln

Ergibt 350 ml Dressing | als Snack oder Beilage für 4 Personen
Zubereitung: 10 Minuten für das Dressing, 10 Minuten für die Petersilienwurzeln

Zutaten

Für die Vinaigrette
50 g geschälter Sesam
1 Bund Koriander, nach Belieben mit Wurzeln
50 g Sesamöl
150 g Traubenkernöl
Saft und etwas Abrieb von 1 unbehandelten Limette
100 ml Reisessig oder ersatzweise milder Weißweinessig
1 EL Ahornsirup
Salz
frisch gemahlener Pfeffer

Für die Petersilienwurzeln
12–16 Petersilienwurzeln, je nach Größe
1 TL Koriandersaat
1 EL Olivenöl
1 TL Zucker
Saft einer Zitrone
3–4 EL Apfelsaft

Für die Vinaigrette den Sesam in einer Pfanne ohne Fett rösten und in einem Mörser leicht zerstoßen. Koriander waschen, trocken schütteln, das Grün abzupfen und fein hacken. Korianderwurzeln waschen oder mit einem Messer rebbeln und anschließend fein reiben.

Sesam, Koriandergrün und geriebene Korianderwurzel mit Sesamöl, Traubenkernöl, Limettensaft und –abrieb, Essig und Sirup verrühren. Mit Salz und Pfeffer würzen. Man kann auch alle Zutaten in einem Schraubglas mischen und gut schütteln. Das Dressing bis zur Verwendung beiseitestellen und vor dem Servieren nochmals aufrühren oder schütteln.

Petersilienwurzeln schälen und längs vierteln oder je nach Dicke achteln. Koriandersamen in einem Mörser grob zerstoßen. Olivenöl in einer Pfanne erhitzen und die Wurzeln von allen Seiten goldbraun anbraten. Mit Salz würzen.

Am Ende der Bratzeit Zucker und Koriander darüberstreuen und 1–2 Minuten mitbraten. Die Temperatur reduzieren und alles mit Zitronensaft und Apfelsaft ablöschen. 2 Minuten weiterbraten. Die Petersilienwurzeln warm zusammen mit der Vinaigrette servieren. Dazu schmecken Knäckebrot und Frischkäse.

Tipp: Die Vinaigrette schmeckt auch zu gerösteten Karotten, zu Apfel-Karotten-Salat oder Blattsalaten.

Cashewnuss-Kräuter-Salsa

mit gebratener Wachtel und Babysalatblättern

Für 4 Personen
Zubereitung: 20 Minuten für die Salsa
und 20 Minuten für die Wachtel

Zutaten

Für die Salsa
200 g gesalzene und geröstete
Cashewnüsse
400 ml Kokosmilch
Saft von 1 Limette
1 TL Sojasauce
1 TL Honig
frisch gemahlener Pfeffer
1 Bund gemischte Gartenkräuter
(Petersilie, Schnittlauch, Dill, Kerbel,
Estragon etc.)

Für die Wachtel
2 Wachteln
150 g Babysalatblätter
1 EL heller Balsamicoessig
2 EL Olivenöl
Olivenöl zum Braten
2 Zweige Thymian und 2 Knoblauchzehen
zum Braten
Salz

Für die Salsa die Cashewnüsse in einer Küchenmaschine fein mahlen und mit der Kokosmilch, dem Limettensaft, der Sojasauce, dem Honig und dem Pfeffer aufkochen. Bei kleiner Hitze köcheln lassen, bis sie schön sämig ist. Immer wieder umrühren, abkühlen lassen.

Kräuter waschen, trocken schütteln, zupfen, fein hacken und mit der Sauce verrühren. Nochmals abschmecken.

Die Wachtelbrüste und die Keulen auslösen und mit Salz und Pfeffer gut würzen. Den Salat waschen und trocken schütteln. Mit Salz und Pfeffer würzen und mit Essig und Olivenöl marinieren.

Das Olivenöl mit dem Thymian und den angedrückten Knoblauchzehen in einer Pfanne erhitzen und die Wachteln darin von allen Seiten kross braten. Temperatur reduzieren und die Wachteln einige Minuten nachziehen lassen. Anschließend mit der Salsa und dem Salat servieren.

Tipp: Die Salsa schmeckt auch zu gebratenem oder gegrilltem Hähnchen, zu Schweinefleisch und Fisch. Sie ist ein perfekter Dip für rohes oder gedünstetes Gemüse.

Avocado-Frühlingslauch-Salsa

Ergibt 500 g | Zubereitung: 15 Minuten

Zutaten

2 reife Avocados | 3 Frühlingszwiebeln, in feine Ringe geschnitten | 1 Fleischtomate, Fruchtfleisch gewürfelt | Salz frisch gem. schwarzer Pfeffer | 1–2 TL frisch gepresster Zitronensaft | Honig

Avocados halbieren, entkernen und das Fruchtfleisch herauslösen. Mit einer Gabel zerdrücken und mit Frühlingszwiebeln und Tomatenstücken verrühren. Mit Salz, Pfeffer, Zitronensaft und Honig abschmecken.

Avocadodip mit Blaubeeren und Basilikum

Ergibt 500 g | Zubereitung: 15 Minuten

Zutaten

1 reife Avocado | 150 g Blaubeeren, halbiert | 100 g saure Sahne | 2 Zweige Basilikum, fein geschnitten | Salz
frisch gem. schwarzer Pfeffer
Saft von ½ unbehandelten Limette

Avocado halbieren, entkernen und das Fruchtfleisch herauslösen. Das Fruchtfleisch mit einer Gabel zerdrücken und mit den Beeren, der sauren Sahne und dem Basilikum verrühren. Mit Salz, Pfeffer und Limettensaft abschmecken.

Guacamole

Ergibt 400 g | Zubereitung: 15 Minuten

Zutaten

2 reife Avocados | Salz
frisch gem. schwarzer Pfeffer
Saft von ½ unbehandelten Zitrone

Die Avocados halbieren, entkernen und das Fruchtfleisch herauslösen. Das Fruchtfleisch mit einer Gabel zerdrücken und mit Salz, Pfeffer und Zitronensaft abschmecken.

Gemüse-Avocado-Salsa

Ergibt 600 g | Zubereitung: 25 Minuten

Zutaten

1 Tomate | 1 Schalotte, gewürfelt
1 TL Olivenöl | 1 rote Paprika, fein gewürfelt
1 Prise Zucker | Salz | frisch gem. schwarzer Pfeffer | 2 feste Avocados
1 Bund Schnittlauch, in Röllchen geschnitten
frisch gepresster Limettensaft

Tomate waschen, vierteln, Strunk und Kerne entfernen. Kerne in ein Sieb geben und den Saft auffangen.

Olivenöl in einer Pfanne erhitzen und die Paprika 2 Minuten braten. Mit Zucker, Salz und Pfeffer würzen. Tomatenstücke und Tomatensud zugeben und die Temperatur auf die kleinste Stufe reduzieren. Das Gemüse 1 Minute schmoren, dann abkühlen lassen.

Avocados schälen, das Fruchtfleisch würfeln und mit dem Gemüse vermischen. Schnittlauch in feine Ringe schneiden, die Gemüsesalsa mit etwas Limettensaft abschmecken und zeitnah servieren.

Tipp: Die Salsas schmecken als Snack auf Baguette oder Röstbrot. Als fruchtig-cremige Salsas beim Grillen oder zum Salatbüffet sind sie unschlagbar.

Mandel-Paprika-Pesto aus dem Ofen

Ergibt 500 ml
Zubereitung: 10 Minuten
Backen: 15–20 Minuten

Zutaten

200 g geschälte Mandeln
2 rote Paprika
Fleur de Sel
frisch gemahlener Pfeffer
1 TL Honig
1 EL Zitronensaft
100 ml Olivenöl
50 g Parmesan

Den Backofen auf 220 °C vorheizen. Die Mandeln in einer Pfanne ohne Fett oder im Backofen goldbraun rösten und grob hacken.

Die Paprika waschen, halbieren und den Strunk und die Kerne entfernen. Die Paprikahälften auf ein Backblech oder in eine flache, feuerfeste Form legen. Salz, Pfeffer, Honig, Zitronensaft und 2–3 EL Olivenöl darübergeben. Die Paprika 15–20 Minuten auf der oberen Schiene des Backofens backen. Sobald die Haut schwarze Stellen bekommt und das Fruchtfleisch weich ist, sind die Paprika fertig.

Die Haut der etwas abgekühlten Paprika abziehen und das Fruchtfleisch mit dem Sud vom Backblech und den Mandeln in eine Küchenmaschine geben. Das restliche Olivenöl dazugeben und alles pürieren.

Den Parmesan reiben und zuletzt unter das Pesto mischen. Zu Pasta, Reis oder Couscous servieren. Das Pesto passt natürlich auch bestens zu kurz gebratenem oder gegrilltem Fleisch oder Fisch, zu Würstchen, Haloumi oder Tofu.

Kräuterig & Würzig

Freuen Sie sich auf intensive Geschmackserlebnisse mit Pestos aus Kräutern und würzigen Saucen. Ob zu Pasta, Kartoffeln oder Brot, zu Fleisch, Fisch, Tofu oder Gemüse – diese Rezepte sind wahre Aromakracher.

Brunnenkresseschaum-Sauce

Ergibt 600 ml
Zubereitung: 35 Minuten

Zutaten

1 Bund Brunnenkresse
1 weiße Zwiebel
1 Knoblauchzehe
1 EL Butter
1 Prise Zucker
Salz
etwas frisch geriebene Muskatnuss
50 ml Weißwein
200 ml Gemüsebrühe
500 ml Sahne
30 g eiskalte Butterwürfel

Brunnenkresse waschen, trocken schütteln und die Blättchen zupfen. Schalotte und Knoblauch schälen und beides fein würfeln.

Einen EL Butter zerlassen und Zwiebel und Knoblauchwürfel darin anschwitzen. Mit Zucker, Salz und Muskat würzen und anschließend mit Weißwein ablöschen. Sobald der Wein fast verkocht ist, die Gemüsebrühe angießen und diese um die Hälfte einkochen.

Die Sahne in die Sauce geben und aufkochen. Die Brunnenkresse zugeben, einmal aufwallen lassen, die Sauce pürieren und nach Belieben durch ein Sieb streichen.

Die Sauce nochmals kurz aufkochen, vom Herd nehmen und mit den kalten Butterwürfeln schaumig aufmixen. Anschließend sofort servieren.

Tipp: Der Brunnenkresseschaum passt gut zu Fisch, hellem Fleisch und zu gedünstetem Gemüse, zu Spargel und zu Kartoffeln. Falls Sie keine Brunnenkresse finden, probieren Sie jungen Spinat.

Frankfurter Grüne Sauce

Ergibt 600 ml
Zubereitung: 20 Minuten

Zutaten

300 g Kräuter (Petersilie, Schnittlauch, Kerbel, Kresse, Sauerampfer, Borretsch, Pimpinelle)
3 Eier
250 g saure Sahne
250 g Schmand
1 TL süßer Senf
1 El Essig
1 EL Öl
Salz
frisch gemahlener Pfeffer

Die Kräuter waschen, trocken schütteln und zupfen. Zusammen mit der sauren Sahne, dem Schmand und dem Senf, dem Essig und dem Öl in eine Küchenmaschine geben und pürieren, bis eine glatte Sauce entstanden ist.

Die Eier kochen, pellen, fein würfeln und zuletzt unter die Sauce rühren. Die Sauce mit Salz, Pfeffer, Essig und Senf abschmecken und bis zur Verwendung kalt stellen.

Tipp: Klassisch wird die Sauce zu Eiern oder Kartoffeln serviert. Sehr gut schmeckt sie zu gegrilltem Radicchio, der mit Olivenöl, Zitronensaft, Salz und Pfeffer mariniert wurde.

Kürbiskern-Orangen-Pesto

mit Estragon zu Karottensuppe

Ergibt etwa 200 ml Pesto | Suppe für 4 Personen
Zubereitung: 10 Minuten für das Pesto und 15 Minuten für die Suppe
Kochen: 20 Minuten

Zutaten

Für das Kürbiskernpesto
3 EL Kürbiskerne
1 Bund glatte Petersilie
3 Zweige Estragon
1 EL Abrieb von 1 unbehandelten Orange
1 EL frisch gepresster Orangensaft
1 Spritzer frisch gepresster Zitronensaft
50 ml Kürbiskernöl | 50 ml neutrales Öl
Salz | frisch gemahlener Pfeffer
30 g würziger Hartkäse, z.B. Pecorino

Für die Karottensuppe
6 große Karotten
2 Schalotten | 2 EL Olivenöl
Salz | 1 TL Honig
2 TL Zitronensaft | Saft von ½ Orange
750 ml Gemüsebrühe
frisch geriebene Muskatnuss
nach Belieben etwas alter Balsamicoessig

Für das Pesto die Kürbiskerne in einer Pfanne ohne Fett rösten. Kräuter waschen, trocken schütteln, die Blätter abzupfen und zusammen mit den Kernen in eine Küchenmaschine geben.

Orangenabrieb, Orangen- und Zitronensaft und die Öle sowie etwas Salz und Pfeffer zugeben. Dann alles zu einer Paste pürieren. Zuletzt den Käse reiben und unterrühren. Das Pesto nochmals abschmecken und bis zur Verwendung kühl stellen.

Für die Suppe die Karotten und die Schalotten schälen und in feine Scheiben schneiden. Das Olivenöl in einem ausreichend großen Topf erhitzen und beides darin anbraten. Das Gemüse mit Salz würzen. Den Honig und den Zitronensaft darüberträufeln. Alles mit dem Orangensaft und der Gemüsebrühe übergießen und in 20 Minuten weich kochen.

Die Suppe mit einem Pürierstab mixen und nochmals mit Salz und etwas Muskat abschmecken. Zusammen mit dem Pesto anrichten und nach Belieben mit einem Schuss altem Balsamicoessig würzen.

Dreierlei Mayo mit Pommes

Grundrezept Mayonnaise

Ergibt 600 ml
Zubereitung: 20 Minuten

Zutaten

2 Eigelb
1 Msp. Senf
Saft und abgeriebene Schale
von 1 unbehandelten Zitrone
Salz
Zucker
250 ml Olivenöl

Für die Mayonnaise das Eigelb mit dem Zitronensaft und dem Abrieb sowie je 1 Prise Salz und Zucker verrühren. Das Olivenöl unter ständigem Rühren tröpfchenweise mit dem Handrührgerät einarbeiten. Sollte die Mayonnaise zu dick werden, zwischendurch noch einige Tropfen Wasser dazugeben. Mit Salz und Pfeffer abschmecken und bis zur Verwendung mit abdecken und kalt stellen.

Tipp: Eine Blitz-Mayonnaise geht ganz fix, wenn man alle Zutaten in ein hohes Gefäß gibt und sie mit einem Pürierstab mixt, bis eine glatte Mayonnaise entstanden ist.

Varianten: Für die **Kapern-Mayonnaise** anstatt der Zitrone 1–2 EL Kapernsud oder Weißweinessig zum Ansatz geben und dann 2 EL gehackte Kapernäpfel in die fertige Mayonnaise rühren.

Für die **Curry-Mayonnaise** das Grundrezept mit 1 TL Currypulver und 1 Msp. pikantem Paprikapulver abschmecken.

Für die **Dill-Mayonnaise** 1 TL Pastis mit aufschlagen und zum Schluss 1 Bund fein gehackten Dill unterrühren (von oben nach unten siehe rechts).

Die Mayonnaisen schmecken nicht nur zu Pommes, sondern auch zu Pellkartoffeln und gebratenem oder gedünstetem Fisch. Ideal auch als Zutat für Salatsaucen.

Selbst gemachte Pommes

Für 2 Personen
Zubereitung: 15 Minuten

Zutaten

4–5 große, mehligkochende Kartoffeln
Öl zum Frittieren
Salz

Das Öl in einer Fritteuse oder einem großen Topf auf etwa 160 °C erhitzen. Die Kartoffeln inzwischen schälen, waschen und in gleichmäßige Stifte schneiden. Die Pommes zunächst 4–5 Minuten vorfrittieren. Mit einer Schaumkelle herausnehmen und auf Küchenkrepp entfetten. Das Frittierfett auf 180–190 °C erhitzen und die Pommes nochmals frittieren, bis sie goldgelb sind. Mit einer Schaumkelle herausnehmen, abtropfen lassen, salzen und sofort essen.

Rucola-Basilikum-Pesto

Ergibt 250 ml | Zubereitung: 20 Minuten

Zutaten

2 Bund Basilikum | 1 Bund glatte Petersilie | 2–4 Knoblauchzehen, alles grob gehackt | 150–200 ml Olivenöl | Salz | Pfeffer | 1 Prise Zucker | 1 TL frisch gepresster Zitronensaft | 1 Handvoll geröstete Pinienkerne | 50 g Parmesan, fein gerieben

- Kräuter und Knoblauch in eine Küchenmaschine geben. Olivenöl, Gewürze und Zitronensaft hinzufügen, zügig zu einer Paste pürieren. Zuletzt die Pinienkerne kurz mitmixen. Parmesan unterrühren und mit Salz und Pfeffer abschmecken.

Tipp: Der Pestoklassiker schmeckt fast zu allem: zu Pasta und Kartoffeln, zu Fisch, Fleisch und Tofu. Es ist eine perfekte Grillsauce und macht sich in jedem Dressing.

1001-Nacht-Pesto

Ergibt 300 ml | Zubereitung: 20 Minuten

Zutaten

½ TL Koriandersaat | 80 g Mandeln | 1 EL Pistazien, alles geröstet | 1 Schalotte | 1 Knoblauchzehe, beides fein gehackt | 2 gelbe Paprika, grob gewürfelt | 100 ml Olivenöl | 1 TL gelbe Currypaste | Salz | frisch gem. Pfeffer
1 Msp. Sumach | 1 Msp. pikantes Paprikapulver
je ein Spritzer frisch gepresster Zitronen- und Orangensaft | Ahornsirup nach Geschmack

- Koriandersaat im Mörser zerstoßen.

- Etwas Olivenöl in einer Pfanne erhitzen und die Currypaste darin rösten. Paprika zugeben und 1 Minute mitbraten. Schalotten und Knoblauchwürfel ebenfalls zugeben, umrühren und alles mit 100 ml Wasser ablöschen.

- Schmoren, bis die Flüssigkeit verdampft und das Gemüse weich ist. Anschließend erkalten lassen.

Tomatenpesto

Ergibt 150 ml | Zubereitung: 10 Minuten

Zutaten

1 Zehe frischer Knoblauch, gehackt
100 g getrocknete Tomaten in Öl, abgetropft | 1 EL Pinienkerne, geröstet | Olivenöl zum Pürieren | 30 g Parmesan, fein gerieben | Balsamicoessig | Honig nach Geschmack | Salz | frisch gem. schwarzer Pfeffer

- Tomaten, Knoblauch und Pinienkerne mit Olivenöl bedeckt in einer Küchenmaschine fein pürieren. Zuletzt den Parmesan einrühren und mit Balsamicoessig, Honig, Salz und Pfeffer abschmecken.

Oliven-Thymian-Paste

Ergibt 300 ml | Zubereitung: 15 Minuten

Zutaten

1 EL Pinienkerne, geröstet | 200 g getrocknete schwarze Oliven, ohne Stein
40 g kleine Kapern in Salzlake, gespült und abgetropft | 2 Knoblauchzehen, grob zerkleinert | 3–4 Zweige Thymian, gezupft
1 TL frisch gepresster Zitronensaft
100 ml Olivenöl | frisch gem. schwarzer Pfeffer | Fleur de Sel

- Die vorbereiteten Zutaten in eine Küchenmaschine geben und zu einer glatten Masse verarbeiten. Nach und nach Zitronensaft und Olivenöl untermischen. Wenn die Paste ganz glatt ist, mit Pfeffer und Fleur de Sel abschmecken.

Zitronige Sauce hollandaise

mit Kräutern

Ergibt 350 ml
Zubereitung: 30 Minuten

Zutaten

1 Bund gemischte Kräuter
250 g Butter
4 Eigelb
1 EL frisch gepresster Zitronensaft
etwas abgeriebene Schale von
1 unbehandelten Zitrone
3–4 EL lauwarmes Wasser oder
Gemüsebrühe
frisch gemahlener Pfeffer
Salz
1 Prise Zucker

Die Kräuter waschen, trocken schütteln, zupfen und die Blätter fein hacken. Mit einem feuchten Küchenkrepp bedecken und bis zur Verwendung kühl stellen. Die Butter zerlassen und warm halten. Das Eigelb mit dem Zitronensaft, dem Zitronenabrieb, dem Wasser, dem Pfeffer, 1 Prise Salz und Zucker in einer Rührschüssel verrühren.

Die Ei-Mischung auf einem nicht zu heißen Wasserbad schlagen, bis die Masse schön schaumig ist und dicklich ist. Sie darf keinesfalls so heiß werden, dass das Eigelb stockt.

Die Butter auf dem Wasserbad unter ständigem Rühren nach und nach unter die Ei-Mischung schlagen. Zwischendurch immer wieder 1 EL Flüssigkeit zugeben, damit die Sauce nicht zu fest wird. Die gehackten Kräuter in die Hollandaise geben, die Sauce abschmecken und sofort servieren. Sie schmeckt zu Spargel, aber auch zu Pellkartoffeln und hellem Fleisch und gedünstetem Fisch.

Tipp: Sauce hollandaise schmeckt am besten ganz frisch aufgeschlagen. Wegen der frischen Eier und weil sie sich in kaltem Zustand wieder trennt, sollte man sie möglichst sofort verwenden und nicht aufbewahren.

Zitronen-Knoblauch-Öl

zu gegrilltem Fisch

Ergibt 200 ml | 4 kleine Fische
Zubereitung: 10 Minuten
Grillen: 15 Minuten

Zutaten

Für das Öl
3 unbehandelte Zitronen
1 Knolle junger Knoblauch
Salz
1 kleines Stück Ingwer
1 Bund glatte Petersilie
1 Bund Kerbel
1 TL bunte Pfefferkörner
200 ml Olivenöl

Für den Fisch
4 kleine bis mittelgroße Fische, z. B. Brassen oder Doraden

Für das Würzöl die Schale einer Zitrone abreiben, dann alle Zitronen auspressen. Die Knoblauchzehen schälen und zunächst fein hacken, dann mit etwas Salz bestreuen und zerreiben. Den Ingwer schälen und ebenso zerkleinern. Die Kräuter waschen, trocken schütteln, zupfen und fein hacken. Den Pfeffer in einem Mörser zerstoßen. Alle Zutaten mit dem Olivenöl verrühren.

Die Fische von innen und außen mit dem Öl reiben, abdecken und einige Stunden im Kühlschrank marinieren. Anschließend mit Salz und Pfeffer würzen, in Fischgitter einspannen und auf jeder Seite etwa 8 Minuten kross grillen. Zusammen mit dem restlichen Würzöl servieren.

Dicke-Bohnen-Manchego-Salsa

zu Lammkoteletts

Für 4 Personen
Zubereitung: 25–30 Minuten

Zutaten

Für die Salsa
200 g Dicke-Bohnen-Kerne (frisch oder TK)
50 g Walnusskerne
einige Zweige glatte Petersilie
50 g Manchego
1 kleine Zwiebel
1 saurer Apfel
1 EL Walnussöl
3 EL Rübensirup
100 ml Apfelessig
50 ml Weißwein
Salz
frisch gemahlener Pfeffer

Für die Lammkoteletts
8–12 Lammkoteletts
frisch gemahlener Pfeffer
Fleur de Sel
Olivenöl zum Braten
2 Knoblauchzehen
2 Zweige Rosmarin
1 EL Butter

Für die Salsa die Bohnenkerne 6–8 Minuten in kochendem, gesalzenem Wasser blanchieren, anschließend in ein Sieb gießen und kurz kalt abbrausen. Die Bohnenkerne aus ihren Hüllen palen.

Den Backofen auf 180 °C (Ober-/Unterhitze) vorheizen und die Walnusskerne goldbraun rösten und grob hacken. Petersilie waschen, trocken schütteln, die Blätter abzupfen und fein schneiden. Manchego reiben. Zwiebel und Apfel schälen und beides fein würfeln.

Das Walnussöl in einer Pfanne erhitzen. Die Zwiebelwürfel glasig anbraten, die Apfelwürfel sowie die Bohnen hinzufügen und 3 Minuten mitbraten. Das Gemüse mit dem Rübensirup beträufeln und die Temperatur reduzieren. Alles einige Minuten schwenken.

Die Bohnenmischung mit dem Apfelessig und dem Weißwein ablöschen und weiterschmoren, bis die Flüssigkeit fast verdampft ist. Die Walnüsse, die Petersilie und den Manchego unter die Salsa rühren. Mit Salz und Pfeffer abschmecken.

Die Lammkoteletts mit Pfeffer und Fleur de Sel würzen. Das Olivenöl mit den halbierten Knoblauchzehen und dem Rosmarin erhitzen und die Lammkoteletts darin von jeder Seite 1–2 Minuten anbraten. Vom Herd nehmen, die Butter in die Pfanne geben und das Fleisch 2 Minuten in der heißen Pfanne ziehen lassen. Mit der lauwarmen Salsa servieren.

Tipp: Die Bohnensalsa lässt sich statt mit Thymian mit Estragon oder Minze zubereiten. Sie schmeckt zu allen Fleischsorten, ob gegrillt oder gebraten. Auch zu einem Schmorbraten, beispielsweise einer würzigen Lammkeule aus dem Ofen, passt sie ausgezeichnet.

Fruchtige BBQ-Sauce

Ergibt 300 ml | Zubereitung: 40 Minuten

Zutaten

1 EL Olivenöl | 2 TL Currypulver | 100 g Zucker 300 g frische Aprikosen, entsteint | 1 Mango, gewürfelt | 1 weiße Zwiebel, gewürfelt | 100 ml frisch gepresster Orangensaft | 400 g passierte Tomaten | 100 g getrocknete Aprikosen | 50 ml Obst-/Weißweinessig | 50 g Honig | Salz | frisch gem. Pfeffer

Olivenöl in einer Pfanne erhitzen und Currypulver unter Rühren anrösten. Zucker in einem hohen Topf karamellisieren. Sobald er bernsteinfarben ist, Orangensaft, passierte Tomaten, Zwiebelwürfel, getrocknete und frische Aprikosen zugeben und aufkochen. Essig, Honig und Currypulver zugeben, mit Salz und Pfeffer würzen. Zugedeckt 20 Minuten bei geringer Temperatur kochen.

Anschließend pürieren und unter Rühren sämig köcheln. Abschmecken und auskühlen lassen.

Gewürz-BBQ-Sauce

Ergibt 350 ml | Zubereitung: 40 Minuten

Zutaten

¼ Knolle Sellerie | 3 Zwiebeln
4 Knoblauchzehen, alles gewürfelt
1 EL Olivenöl | 100 g Zucker | 750 g passierte Tomaten | 50 ml Weißweinessig | 125 ml Worcestersauce
50 g Rübensirup | 50 ml Sojasauce
je 1 TL Piment und Senfsaat | Salz
frisch gem. Pfeffer

Gemüse in erhitztem Olivenöl anbraten.

Zucker in einem hohen Topf karamellisieren. Sobald er bernsteinfarben ist, die passierten Tomaten zugeben und aufkochen. Weißweinessig, Worcestersauce, Rübensirup und Sojasauce zugeben. Piment und Senfsaat in einem Mörser grob zerstoßen und mit dem angebratenen Gemüse ebenfalls zugeben. Zugedeckt 15–20 Minuten bei geringer Temperatur kochen.

Anschließend pürieren und durch ein Sieb drücken. Nochmals aufkochen und unter Rühren etwa 20 Minuten köcheln lassen, bis sie eine sämige Konsistenz hat. Abschmecken und abkühlen lassen.

Tipp: Für eine feine Currynote das Gemüse zusammen mit Currypulver oder Currypaste anbraten.

Rauchige Whiskey-BBQ-Sauce

Ergibt 400 ml | Zubereitung: 40 Minuten

Zutaten

wie Gewürz-BBQ-Sauce und zusätzlich:
100 g geräucherter Speck | 100 ml Whiskey
100 g getrocknete Pflaumen

Das Rezept Gewürz-BBQ-Sauce zubereiten. Dabei den Speck, den Whiskey und die Pflaumen mit zum Ansatz geben und weiter verfahren wie beschrieben.

Fenchel-Orangen-Salsa

Ergibt 300 g
Zubereitung: 15 Minuten
Backen: 15–20 Minuten

Zutaten

2 Fenchelknollen mit Grün
1 Zehe junger Knoblauch
1–2 TL Fleur de Sel | 1–2 TL Honig
1 EL frisch gepresster Zitronensaft
3 EL frisch gepresster Orangensaft
Abrieb von 1 unbehandelten Orange
3 EL Olivenöl | 1 TL Fenchelsaat
frisch gemahlener Pfeffer
einige Zweige wilder Fenchel, ersatzweise Dill

Backofen auf 220 °C vorheizen. Fenchelgrün abschneiden und beiseitelegen. Die äußeren, holzigen Schichten der Fenchelknollen entfernen, die Knollen halbieren, waschen, den Strunk entfernen und in feine Streifen schneiden. Knoblauchzehe schälen und grob schneiden. Beide Gemüse auf einem Backblech nebeneinander verteilen.

Fleur de Sel, Honig, Zitronensaft, 2 EL Orangensaft, Orangenabrieb und Olivenöl darauf verteilen und auf der oberen Schiene des Backofens 15–20 Minuten backen. Der Fenchel soll Farbe bekommen und weich werden.

Fenchelsaat in einer Pfanne ohne Fett rösten und in einem Mörser zerstoßen. Fenchelmischung aus dem Ofen nehmen und mit restlichem Orangensaft und Olivenöl verrühren. Fenchelsaat und Pfeffer hinzugeben und nochmals mit Salz, Zitronensaft und Honig abschmecken. Zuletzt das Fenchelgrün und, falls vorhanden, den wilden Fenchel zupfen, hacken und unter die Salsa rühren.

Die Salsa schmeckt frisch am besten. Einfach mit grünem Salat, Joghurtdressing und Baguette genießen oder zu kurz gebratenem Fleisch oder Fisch, zu grober Bratwurst oder Tofu servieren.

Pfeffrige Cranberrysalsa

Ergibt 250 g
Zubereitung: 15 Minuten

Zutaten

1–2 TL bunte Pfefferkörner
125 g getrocknete Cranberrys
1 Schalotte | 1 Apfel
1 EL Olivenöl | 150 ml Himbeersaft
2 EL Himbeeressig
Fleur de Sel
etwas Honig zum Abschmecken

Pfefferkörner in einem Mörser zerstoßen. Cranberrys hacken. Schalotte und Apfel schälen und beides fein würfeln.

Olivenöl in einem Topf erhitzen und die Schalottenwürfel darin anbraten. Cranberrys und Apfelwürfel sowie Himbeersaft, Himbeeressig, Pfeffer und Salz zugeben und alles aufkochen.

Die Salsa unter Rühren köcheln lassen, bis die Flüssigkeit fast verkocht ist und eine sämige Salsa entstanden ist. Etwas abkühlen lassen und vor dem Servieren nochmals mit Salz, Honig und Essig abschmecken. Passt prima zu Gegrilltem.

Orientalischer Linsendip mit Petersilie

zu Hühnerspießen

Ergibt 600 g | Für 4 Personen
Zubereitung: 15–20 Minuten
Kochen: 30 Minuten

Zutaten

Für den Linsendip
200 g Belugalinsen
Salz
4 EL Olivenöl
2 Knoblauchzehen
1 große Zwiebel
2 rote Chilischoten
1 TL Kreuzkümmelsamen
1 TL Paprikapulver
1 EL Tomatenmark
1 TL Garam Masala
Abrieb von 1 unbehandelten Zitrone
Honig zum Abschmecken
1 Bund glatte Petersilie

Für die Hühnchenspieße
4 Hühnerbrüste
frisch gemahlener Pfeffer
Olivenöl zum Braten

Für den Dip die Linsen in gesalzenem Wasser 30 Minuten garen. In einem Sieb abtropfen lassen, dabei das Kochwasser auffangen. Die Hälfte der Linsen mit 2 EL Olivenöl und 2 EL Kochwasser in einer Küchenmaschine pürieren. Dann mit den übrigen Linsen in einer Schüssel mischen.

Knoblauchzehen schälen, fein schneiden und zu einer feinen Paste zerdrücken. Zwiebel schälen und fein würfeln. Chilischoten putzen, die Kerne entfernen und die Schoten in sehr dünne Ringe schneiden. Kreuzkümmel in einem Mörser grob zerstoßen.

2 EL Olivenöl in einer Pfanne erhitzen und die Zwiebel mit dem Kreuzkümmel darin kräftig anbraten. Die Temperatur reduzieren und das Tomatenmark, den Knoblauch, das Paprikapulver und die Chiliringe zu den Zwiebeln geben. Unter Rühren erhitzen, bis sich alles verbunden hat, dann 3 EL Kochwasser einrühren.

Die Zwiebelmischung zu den gegarten Linsen geben und verrühren. Alles mit Garam Masala, Salz, Zitronenabrieb, etwas Zitronensaft und nach Belieben etwas Honig abschmecken. Die Petersilie waschen und trocken schütteln, die Blätter zupfen, fein schneiden und unter den Dip rühren. Falls er zu trocken ist, noch etwas Kochwasser und nach Belieben noch mehr Olivenöl einrühren.

Für die Spieße das Hühnchenfleisch kalt abspülen, trocken tupfen und in Stücke schneiden. Auf Spieße stecken, mit Salz und Pfeffer würzen. In Olivenöl von allen Seiten anbraten, die Hitze zurückschalten und unter mehrmaligem Wenden 5–7 Minuten weiterbraten.

Tipp: Der Dip schmeckt am besten frisch. Wenn er im Kühlschrank stand, nehmen Sie ihn 15 Minuten vor dem Essen heraus und schmecken ihn noch einmal ab.

Würzige Kichererbsen

Ergibt 500 ml
Zubereitung: 10 Minuten
Einweichen: 12 Stunden
Kochen: 60 Minuten

Zutaten

100 g getrocknete Kichererbsen
1 TL Kurkuma
2 EL Tamarindenkonzentrat
Salz | 4 EL Olivenöl
2 TL Garam Masala | ½ TL Chilipulver
2 TL gemahlener Kreuzkümmel
1 Knoblauchzehe | 250 g Naturjoghurt
Abrieb von 1 unbehandelten Zitrone
1 Prise Zucker

Kichererbsen 12 Stunden in reichlich kaltem Wasser einweichen, in ein Sieb abseihen und abbrausen. Mit 1 Liter Wasser und Kurkuma in einen Topf geben und aufkochen. Temperatur reduzieren und mit halb geschlossenem Deckel mindestens 60 Minuten köcheln lassen. Kochwasser abgießen, Tamarindenkonzentrat unter die Kichererbsen rühren und salzen.

Olivenöl in einem kleinen Topf erhitzen, die Gewürze hineingeben und kurz anrösten. Die Mischung heiß über die Kichererbsen gießen, verrühren und alles in eine Küchenmaschine geben. Knoblauchzehe schälen und mit dem Joghurt, dem Zitronenabrieb, dem Zitronensaft und dem Zucker ebenfalls in die Küchenmaschine geben und alles fein pürieren. Abschmecken und servieren.

Tipp: Dazu passen geröstetes Fladenbrot und rohes Gemüse, Falafelbällchen und Salat, aber auch gebratenes und gegrilltes Fleisch und natürlich Fisch.

Scharfe Sauce

Ergibt 200 ml
Zubereitung: 20 Minuten

Zutaten

1–2 rote Thai-Chilischoten, je nach Geschmack auch mehr
1 Zwiebel | 1 Knoblauchzehe
1 EL Olivenöl | 1 EL Zucker
400 ml passierte Tomaten
1 TL Chiliflakes

Chilischoten waschen und in Ringe schneiden. Zwiebel und Knoblauch schälen, fein würfeln und in Olivenöl anschwitzen. Die Temperatur etwas reduzieren, den Zucker darüberstreuen und unter Rühren 2 Minuten weiterbraten. Tomaten und Chiliringe hinzugeben, mit Salz würzen und alles aufkochen. Unter mehrmaligem Rühren in etwa 8–10 Minuten sämig einkochen. Mit Salz, Zucker und Chiliflakes abschmecken und warm oder kalt servieren. Mit Chiliflakes nach Belieben nachschärfen.

Tipp: Passt zu Würstchen, Fleisch und Fisch. Als Würzsauce schärft sie Eintöpfe, Aufläufe und Saucen.

Mango-Koriander-Salsa

zu Scampi

Ergibt 500 ml | Für 4 Personen
Zubereitung: 10–15 Minuten

Zutaten

Für die Salsa
2 reife Mangos
1 Bund Koriander
Saft von 1 Limette
Fleur de Sel

Für die Scampi
12 Scampi
frisch gemahlener Pfeffer
1 rote Chilischote
1 EL Sesamöl

Für die Salsa die Mangos schälen und das Fruchtfleisch vom Kern schneiden. Eine Mango würfeln, das restliche Fruchtfleisch in eine Küchenmaschine geben. Koriander waschen, trocken schütteln und die Blätter abzupfen. Mit dem Limettensaft und 1 Prise Fleur de Sel ebenfalls in die Küchenmaschine geben. Alles fein pürieren und anschließend mit den Mangostücken verrühren. Die Salsa abschmecken und bis zur Verwendung kalt stellen.

Die Scampi pulen und den Darm entfernen, anschließend kalt abwaschen und mit Küchenkrepp trocken tupfen. Mit Fleur de Sel und Pfeffer würzen. Die Chilischote waschen und mehrmals einritzen.

Das Sesamöl samt Chilischote in einer Pfanne erhitzen und die Scampi auf jeder Seite 2 Minuten scharf anbraten. Die Pfanne vom Herd nehmen und die Scampi weitere 5 Minuten in der heißen Pfanne wenden. Zur Salsa servieren.

Koriander-Minze-Chermoula

zu Schweinefilet

Ergibt 250 ml | Für 4 Personen
Zubereitung: 15 Minuten für die Chermoula und 10 Minuten für das Schweinefilet
Marinieren: 12 Stunden
Backen: 20–30 Minuten

Zutaten

Für die Chermoula
4 rote Chilischoten
6 Knoblauchzehen
1 Bund Koriander mit Wurzeln
1 TL Salz
200 ml Olivenöl
Saft von 1 Limette
1 Bund Minze

Für das Schweinefilet
600–800 g Schweinefilet
frisch gemahlener Pfeffer

Für die Chermoula die Chilischoten waschen und fein würfeln. Die Knoblauchzehen schälen und fein hacken. Die Korianderwurzeln sehr gut abwaschen und fein hacken. Beides im Mörser mit etwas Salz zerstoßen und mit dem Öl verrühren.

Das Koriandergrün und die Minze waschen, zupfen und fein schneiden. Die Kräuter ebenfalls mit dem Öl verrühren und bis zur Verwendung kalt stellen.

Das Schweinefilet mit Salz und Pfeffer würzen und mit der Chermoula einreiben, in Folie einschlagen und im Kühlschrank einige Stunden oder über Nacht marinieren.

Den Backofen auf 150 °C vorheizen. Die Marinade vor dem Braten etwas abtupfen, das Schweinefilet rundum anbraten. Das Fleisch in der Marinade wälzen, in eine flache Form legen und im Backofen in 20–30 Minuten fertig garen. Dabei öfter wenden und mit etwas Chermoula beträufeln. Mit frischen Blattsalaten, Knoblauchjoghurt und Reis servieren.

Tipp: Die Marinade passt zu allen anderen Fleischsorten. Auch Fisch lässt sich gut damit würzen. Probieren Sie Schwertfischsteaks oder Seeteufelmedaillons mit Chermoula. Mit fein geriebenem Ingwer bekommt die Marinade einen besonders frischen Geschmack.

Geschmorte Knoblauchpaste

Ergibt 300 g
Zubereitung: 10 Minuten

Zutaten

2 Knollen jungen Knoblauch
2 EL Olivenöl
Salz
etwas Honig
1 TL Zitronensaft
100 g griechischer Joghurt
1 Bund Schnittknoblauch oder Bärlauch

- Die Knoblauchzehen schälen und in 1 EL Olivenöl von allen Seiten anbraten. Die Temperatur auf die kleinste Stufe regeln. Den Knoblauch mit Salz würzen und mit etwas Honig und Zitronensaft beträufeln. Den Deckel auflegen und den Knoblauch 10 Minuten schmoren, dann abkühlen lassen.

- Die abgekühlten Knoblauchzehen mit dem Bratensud und dem Joghurt in eine Küchenmaschine geben. Fein pürieren und abschmecken.

- Den Schnittknoblauch fein schneiden und unter die Creme rühren. Schmeckt als Brotaufstrich und als Dip zu Kartoffeln, Fleisch und Fisch.

Frisch & Leicht

Gibt es etwas Frischeres als Joghurt, Frischkäse, Quark und Hüttenkäse? – Diese Dips und Saucen sind besonders schnell zubereitet und verfeinern frische Snacks, das schnelle Mittagessen oder das leichte Abendessen.

Weiße-Bohnen-Spinat-Sauce

zu Lamm

Ergibt 500 ml als Vorspeise
für 4 Personen
Zubereitung: 30 Minuten

Zutaten

Für die Spinatsauce
3 Handvoll junger Spinat
Salz
1 Dose weiße Bohnen (200 g Abtropfgewicht)
1 Zehe junger Knoblauch
1 EL frisch gepresster Zitronensaft
1 TL Honig
3 EL Olivenöl
frisch gemahlener Pfeffer
250 g Naturjoghurt

Für das Lammkarree
600 g Lammkarree
Salz
frisch gemahlener Pfeffer
2 Zweige Rosmarin
4 Knoblauchzehen
Olivenöl zum Braten

Den Backofen auf 120 °C vorheizen. Das Lammkarree von der dicken Fettschicht befreien und die dünne Sehne vorsichtig abtrennen. Das Fleisch in 4 Stücke teilen und rundherum mit Salz und Pfeffer würzen.

Das Olivenöl mit den Rosmarinzweigen und den angedrückten Knoblauchzehen erhitzen und das Fleisch darin von allen Seiten kurz anbraten. Es soll eine schöne braune Farbe bekommen. Das Fleisch samt Bratfett und Kräuter auf ein Blech oder in eine flache Form geben und im Ofen in etwa 25 Minuten rosa braten.

Inzwischen für die Sauce den Spinat waschen und abtropfen lassen. Ausreichend Wasser in einem großen Topf zum Kochen bringen, leicht salzen und den Spinat darin kurz blanchieren. Den Spinat mit der Schaumkelle herausnehmen und in gesalzenem Eiswasser kurz abschrecken. Anschließend gut ausdrücken und beiseitestellen.

Die Bohnen in ein Sieb gießen und mit kaltem Wasser abspülen. Zusammen mit dem Spinat in eine Küchenmaschine geben. Die Knoblauchzehe schälen, grob zerkleinern und dazugeben. Salz, Zitronensaft, Honig, Olivenöl, Naturjoghurt und Pfeffer ebenfalls zu den Bohnen geben. Alles fein pürieren, nochmals abschmecken und mit dem Lamm servieren.

Tipp: In der Saison lohnt es sich, die Sauce mit Bärlauch statt mit Spinat zuzubereiten.

Orangen-Joghurt-Sauce mit schwarzem Sesam

zu Karottensalat

Ergibt 500 ml
Zubereitung: 30–40 Minuten

Zutaten

Für die Orangen-Joghurt-Sauce
3 unbehandelte Orangen
200 g Naturjoghurt
100 g Crème fraîche
1 Msp. milder Senf
1 Msp. Zucker
Salz
frisch gemahlener Pfeffer

Für den Salat
700 g Karotten
3 EL Sesamöl
2 EL Traubenkernöl
Limettensaft nach Geschmack
½–1 TL Honig
1 TL frischer, fein geriebener Ingwer
1 Orange
2 TL geröstete schwarze Sesamsaat
einige Zweige frischer Koriander

Für die Joghurtsauce die Orangen waschen. Die Schale einer halben Orange abreiben, anschließend alle Orangen auspressen. Den Orangensaft aufkochen und köcheln, bis er um die Hälfte eingekocht ist. Den Saft erkalten lassen.

Den Joghurt mit der Crème fraîche, dem Orangensaft, dem Senf und dem Orangenabrieb vermischen. Mit Zucker, Salz und Pfeffer abschmecken.

Die Karotten schälen und den grünen Ansatz entfernen. Mit einem scharfen Messer oder einem Sparschäler längs in feine und gleichmäßige Streifen schneiden und diese dann in Stücke von ca. 3 cm Länge schneiden.

Das Sesamöl und das Traubenkernöl nach und nach in einer heißen Pfanne oder einem Wok erhitzen und die Karottenstreifen darin portionsweise kurz anschwenken. Das Gemüse soll schön knackig bleiben.

Die warmen Karotten mit dem Limettensaft, dem Honig und dem Ingwer vermischen und mit Salz und Pfeffer würzen. Die Orange schälen, filetieren und die Filets unter den Salat mischen. Den Salat anschließend mit der Sesamsaat vermischen und vor dem Servieren nochmals mit Salz, Honig und Limettensaft abschmecken. Den Karottensalat lauwarm oder kalt mit einigen Korianderzweigen und der Orangen-Joghurt-Sauce servieren.

Ofenpfirsich-Ziegenfrischkäse

Ergibt 450–500 g
Zubereitung: 15 Minuten
Backen: 15–20 Minuten

Zutaten

2–3 Pfirsiche
je 1 EL frisch gepresster Orangen- und Zitronensaft
Abrieb von 1 unbehandelten Orange
1–2 TL brauner Zucker
1 EL Olivenöl
Fleur de Sel
5 Zweige Estragon
250 g Ziegenfrischkäse (z. B. Picandou)

Den Backofen auf 220 °C vorheizen. Die Pfirsiche waschen, vierteln, den Kern entfernen und die Hälften, mit der Schnittfläche nach oben, nebeneinander in eine flache, ofenfeste Form legen. Die Pfirsiche mit Orangen- und Zitronensaft beträufeln, Orangenabrieb, Zucker, Olivenöl und etwas Fleur de Sel darüberstreuen.

Die Pfirsiche auf der oberen Schiene im Backofen 15–20 Minuten karamellisieren lassen. Sie sollen etwas Farbe annehmen und schön weich werden. Leicht abkühlen lassen.

Den Estragon waschen, trocken schütteln, zupfen und die Blätter fein hacken. Den Estragon mit den gebackenen Pfirsichen und dem Ziegenfrischkäse verrühren. Mit Fleur de Sel und Pfeffer abschmecken und als Dip zu salzigem Gebäck oder als Aufstrich zu leckerem Brot servieren.

Tipp: Wem Estragon zu intensiv schmeckt, sollte Thymian oder besser Zitronenthymian ausprobieren. Etwas Lavendel schmeckt ebenfalls sehr fein in der Creme.

Wasabi-Joghurt

Ergibt 300 ml
Zubereitung: 5 Minuten

Zutaten

200 g Joghurt
100 g Schmand
½ TL Wasabipaste
1 TL Limettensaft
1 Prise Zucker
1 Prise Salz

Den Joghurt mit dem Schmand und allen anderen Zutaten verrühren. Nach Belieben mit mehr Wasabi abschmecken.

Sweet-Chili-Creme

zu Scampi

Ergibt 300 ml
Zubereitung: 5 Minuten

Zutaten

Für die Sweet-Chili-Creme
200 g saure Sahne
100 g Mayonnaise
2 EL Sweet-Chili-Sauce
1 TL frisch gepresster Zitronensaft
1 TL Honig
Salz
Chiliflakes nach Geschmack

Für die Scampi
siehe Rezept Seite 112

Die saure Sahne mit der Mayonnaise, der Sweet-Chili-Sauce, dem Zitronensaft und dem Honig verrühren. Mit Salz und Chiliflakes abschmecken.

Tipp zu beiden Rezepten: Dazu schmecken gebratene Garnelen. Außerdem passen die Dips zu frittiertem Gemüse oder Fisch in Tempurateig und knackigem Salat. In knusprigem Panko-Paniermehl frittierte Chicken Wings harmonieren ebenfalls bestens mit den Saucen.

Wiesenkräuterjoghurt

Ergibt 300 g | Zubereitung: 10–15 Minuten

Zutaten

150 g gemischte Wiesenkräuter (z.B. Knoblauchrauke, Pimpinelle, Schlüsselblume, Klee, Taubnessel, Löwenzahn) | 250 g Joghurt | Salz

Kräuter waschen und auf einem Tuch abtropfen lassen. In ein Sieb geben und kurz in kochendes, gesalzenes Wasser tauchen. In Eiswasser abschrecken und anschließend gut ausdrücken.

Kräuter grob hacken und mit dem Joghurt in eine Küchenmaschine geben. Eine Prise Salz zugeben und pürieren, bis ein glatter Joghurt entstanden ist. Als Salatdressing oder als Dip verwenden.

Tipp: Wird streichfähiger, wenn Sie Quark oder Frischkäse statt Joghurt verwenden.

Hüttenkäse mit Radieschen

Ergibt 300 g | Zubereitung: 10–15 Minuten

Zutaten

½ Bund Radieschen | 1 TL frisch gepresster Zitronensaft | 1 TL Honig | Salz | frisch gem. Pfeffer | Gartenkräuter

Radieschen waschen und putzen. Schöne Blätter abzupfen, waschen und fein schneiden. Restliches Grün wegwerfen. Einige Radieschen für die Garnitur beiseitelegen, die anderen fein würfeln und unter den Hüttenkäse rühren. Die geschnittenen Blätter ebenfalls unterrühren und mit Zitronensaft, Honig, Salz und Pfeffer abschmecken. Nach Belieben gehackte Gartenkräuter unterrühren. Als Brotaufstrich oder zu Kartoffeln servieren.

Tipp: Besonders fein ist der Hüttenkäse, wenn Sie geröstete und gehackte Nüsse unterrühren.

Hibiskuscreme

Ergibt 350 ml | Zubereitung: 15 Minuten

Zutaten

200 ml Apfelsaft | 1 EL getrocknete Hibiskusblüten | 250 g griechischer Joghurt

Apfelsaft mit Hibiskusblüten aufkochen und 20 Minuten ziehen lassen. Anschließend durch ein Sieb abseihen und den Saft um die Hälfte reduzieren. Mit dem Joghurt verrühren. Als Joghurtdip zu frischen Blattsalaten, zu hellem Fleisch und Fisch.

Tipp: Einige Scheiben frischen Ingwer im Apfelsaft aufkochen und 20 Minuten ziehen lassen. Zusätzlich die Creme mit etwas Johannisbeeressig und Honig abschmecken.

Spargel-Ziegenkäse-Creme

Ergibt 250 ml | Zubereitung: 35 Minuten

Zutaten

1 EL Olivenöl | 150 g grüner Spargel, unten geschält und in feine Ringe geschnitten
1–2 Zweige Thymian, gezupft | 1–2 TL Zucker | frisch gepresster Zitronensaft
Fleur de Sel | frisch gem. Pfeffer
150 g Ziegenfrischkäserolle

Olivenöl erhitzen und den Spargel darin kräftig anbraten. Thymian und Zucker darüberstreuen und unter Rühren 1 Minute weiterbraten. Mit Zitronensaft beträufeln und mit Fleur de Sel und Pfeffer abschmecken. Abkühlen lassen.

80 g des Spargels in der Küchenmaschine pürieren und mit dem Ziegenkäse glatt rühren. Die Creme nochmals abschmecken, dann mit dem restlichen Spargel bestreuen und mit Brotchips oder Knabbergebäck servieren.

Joghurt-Chili-Gurken-Salsa

zu Hühnerspießen

Ergibt 250 ml
Zubereitung: 20 Minuten

Zutaten

¼ Salatgurke
3 Zweige Koriander
1 grüne Chilischote
150 g Joghurt
1 TL Limettensaft
etwas Honig oder Zucker
Salz
Pfeffer

Für die Hühnerspieße
4 Hühnerbrüste
frisch gemahlener Pfeffer
Olivenöl zum Braten

Die Gurke längs halbieren und die Kerne mit einem Löffel herausschaben. Das Gurkenfruchtfleisch würfeln, leicht salzen und 15 Minuten auf einem Sieb abtropfen lassen. Den Koriander waschen, trocken schütteln und zupfen. Die Chilischote waschen und fein hacken.

Die Gurke, die Chilischote und die Korianderblätter anschließend zusammen mit dem Joghurt in eine Küchenmaschine geben. Limettensaft, Honig, Salz und Pfeffer hinzugeben und zu einer frisch-scharfen Salsa mixen.

Für die Spieße das Hühnchenfleisch kalt abspülen, trocken tupfen und in Streifen schneiden. Auf Spieße stecken, mit Salz und Pfeffer würzen. In Olivenöl von allen Seiten anbraten, auf eine niedrige Temperaturstufe zurückschalten und unter mehrmaligem Wenden 5–7 Minuten weiterbraten.

Tipp: Zusammen mit Fleischspießen vom Grill oder würzigen Satéspießen servieren. Passt auch zu kräftigem Fisch wie Seeteufel.

Kräuter-Erbsen-Dip

zu Jakobsmuschel-Saltimbocca

Für 4 Personen
Zubereitung: 30–40 Minuten

Zutaten

Für den Erbsendip
300 g gepalte Erbsen (frisch oder TK)
100 g Naturjoghurt
1 TL Zitronensaft
1 TL Zucker
2 EL Olivenöl
1 Zweig Thymian
Salz
schwarzer Pfeffer aus der Mühle

Für das Jakobsmuschel-Saltimbocca
8 Jakobsmuscheln
Fleur de Sel
Pfeffer
8 Blätter Salbei und etwas Salbei zum Braten
8 Scheiben Speck
Olivenöl und Butter zum Braten

Die Erbsen 5–6 Minuten in kochendem Wasser blanchieren, anschließend in ein Sieb abseihen. Die Erbsen mit kaltem Wasser kurz abbrausen.

Die Erbsen in eine Küchenmaschine geben, Joghurt, Zitronensaft, Zucker und Olivenöl hinzufügen und alles fein pürieren. Das Püree nach Wunsch durch ein Sieb streichen, so wird es besonders fein.

Den Thymian waschen, trocken schütteln, die Blätter zupfen, fein schneiden und unter das Püree rühren. Mit Salz und schwarzem Pfeffer abschmecken und bis zur Verwendung kalt stellen.

Für das Saltimbocca jede Jakobsmuschel mit Fleur de Sel und Pfeffer würzen und mit je einer Scheibe Salbei und Speck umwickeln. Von allen Seiten in Olivenöl anbraten, die Hitze reduzieren und die Muscheln unter mehrmaligem Wenden etwa 3 Minuten in Butter nachbraten. Zusammen mit dem Dip servieren.

Nussfrischkäse mit Krokant

Ergibt 250 g
Zubereitung: 30 Minuten

Zutaten

Für den Nussfrischkäse
50 g gemischte Nüsse
200 g Frischkäse
Salz
schwarzer Pfeffer aus der Mühle
1 TL frisch gepresster Zitronensaft
1 TL frisch gepresster Orangensaft
Abrieb von 1 unbehandelten Orange

Für das Nusskrokant
2 EL Haselnüsse
2–3 EL Zucker

Die Nüsse in einer Pfanne ohne Fett oder im vorgeheizten Backofen bei 180 °C goldbraun rösten. Anschließend in der Küchenmaschine hacken und mit dem Frischkäse mischen. Salz und Pfeffer sowie Zitronen- und Orangensaft und den Orangenabrieb dazugeben und abschmecken. Bis zur Verwendung kalt stellen.

Für den Nusskrokant die Nüsse in einer Pfanne ohne Fett bei mittlerer Temperatur rösten. Nach und nach mit etwas Zucker bestreuen und dabei mit einem Holzlöffel ständig rühren. Erst wieder Zucker zugeben, wenn die vorige Portion vollständig karamellisiert ist. Die Nüsse sind fertig, wenn sie mit einer schönen Karamellschicht überzogen sind. Grob hacken und zum Frischkäse servieren.

Tipp: Dazu schmeckt Rucola mit Orangendressing. Für das Orangendressing einen Teil frisch gepressten Orangensaft mit zwei Teilen Olivenöl, etwas Zitronensaft, Senf und Honig verrühren. Mit Salz und Pfeffer abschmecken.

Gurkenjoghurt
mit Fenchelsaat

Ergibt 400 ml
Zubereitung: 20 Minuten

Zutaten

½ EL Fenchelsaat
½ Salatgurke
½ grüne Paprika
200 g Joghurt
50 g Schmand
etwas Abrieb von 1 unbehandelten Zitrone
Salz
frisch gemahlener Pfeffer
einige Zweige wilder Fenchel, ersatzweise Dill

Die Fenchelsaat in einer Pfanne ohne Fett rösten und anschließend in einem Mörser zerstoßen. Die Gurke halbieren und die Kerne mit einem kleinen Löffel herausschaben. Das Fruchtfleisch sehr fein würfeln. Die Paprika waschen, den Strunk und die Kerne entfernen und ebenso fein würfeln.

Fenchelsaat, Gurken- und Paprikawürfel mit dem Joghurt und dem Schmand verrühren. Mit Zitronenabrieb, Salz und Pfeffer würzen. Den wilden Fenchel zupfen und hacken und zuletzt unter die Salsa rühren.

Tipp: Zu Pellkartoffeln oder zu kurz gebratenem Fleisch oder Fisch servieren. Beim Grillen ist der Joghurt eine erfrischend leichte Sauce.

Rote-Bete-Joghurt-Sauce

Ergibt 350 ml
Zubereitung: 5 Minuten

Zutaten

150 ml Rote-Bete-Saft
200 ml Naturjoghurt
etwas Honig
1 TL Himbeeressig
1 EL Olivenöl
Salz
frisch gemahlener Pfeffer

Alle Zutaten miteinander verrühren und abschmecken. Passt zu Kopfsalat und allen anderen Blattsalaten sowie zu Rote-Bete-Salaten, Salz- und Bratkartoffeln. Zu hellem Fleisch wie kurz gebratenem Geflügel oder Kaninchen (kalt oder warm) schmeckt die Sauce ebenfalls wunderbar.

Tipp: Kräftiger wird die Sauce, wenn Sie 300 ml Rote-Bete-Saft vor seiner Verwendung um die Hälfte reduzieren.

Süß & Lecker

Kuchen, Pfannkuchen, Früchte und Eis – alle wollen nur das Eine: leckere Saucen zum Verführen. Bitte schön! Schleckermäuler an die Arbeit oder besser: ran an den Schneebesen!

Apfel-Zimt-Dip

Ergibt etwa 500 g
Zubereitung: 25 Minuten

Zutaten

5–6 Äpfel
1–2 EL brauner Zucker
100 ml Weißwein
Saft von 1 Orange
2 Stangen Zimt

Die Äpfel schälen, halbieren, das Gehäuse entfernen und das Fruchtfleisch würfeln. Den Zucker in einem Topf karamellisieren und mit dem Weißwein und dem Orangensaft ablöschen. Köcheln lassen, bis sich der Karamell aufgelöst hat.

Dann die Äpfel und die Zimtstangen hineingeben und das Kompott 10 Minuten zugedeckt köcheln lassen. Die Zimtstangen entfernen und die Früchte pürieren. Die Stangen wieder hineinlegen und das Apfelkompott in einigen Minuten sämig einkochen. Kalt servieren.

Mohncreme

Ergibt 400 ml
Zubereitung: 10 Minuten

Zutaten

2 EL gemahlener Mohn
250 g Joghurt
2 TL Zucker
etwas Abrieb von 1 unbehandelten Zitrone und Orange
1 Msp. Vanillemark
50 g Sahne

Alle Zutaten bis auf die Sahne vermischen. Die Sahne cremig steif schlagen und unter den Mohnjoghurt ziehen. Zusammen mit dem Apfeldip zu Sandkuchen, Keksen oder Früchten servieren.

Tipp zu beiden Rezepten: Für einen schnellen und leichten Glaskuchen! Schichten Sie Apfeldip und Mohncreme mit saftigem Schokoladenkuchen in ein Glas.

Vanille & Crumble

Ergibt 580 ml Vanillesauce
Zubereitung: 20–25 Minuten

Zutaten

Für die Vanillesauce
1 Vanilleschote | 100 ml Sahne
330 ml Milch | 70 g Zucker
4 Eigelb

Für den Crumble
1 Msp. Vanillemark
etwas Abrieb von 1 unbehandelten Orange
100 g Zucker | 100 g Butter
200 g Mehl

Für die Sauce die Vanilleschote mit einem scharfen Messer längs aufschlitzen und das Vanillemark herausschaben. Sahne, Milch, Vanillemark und ausgekratzte Vanilleschote aufkochen. Zucker mit dem Eigelb in einer Metallschüssel schaumig rühren und mit der heißen Milch-Sahne-Mischung verquirlen. Die Mischung auf einem heißen Wasserbad rühren, bis sie 85 °C erreicht hat und dickflüssig wird. Die Sauce auf Eis kalt rühren und möglichst zeitnah verbrauchen.

Für den Crumble den Backofen auf 200 °C vorheizen. Das Vanillemark mit dem Orangenabrieb und dem Zucker mischen. Alles mit der Butter und dem Mehl zügig verreiben. Den Streuselteig auf ein mit Backpapier ausgelegtes Blech bröseln und in 10–15 Minuten goldgelb backen. Zusammen mit der Vanillesauce servieren.

Tipp: Passt sehr gut zu eingelegten Früchten, zum Beispiel zur Rotweinbirne. Schichten Sie »Vanille & Crumble« im Sommer mit geviertelten Erdbeeren oder mit halbierten Kirschen. Auch leicht karamellisierte Feigen schmecken hervorragend dazu.

Birne in Rotweinsauce

Für 4 Personen
Zubereitung: 40 Minuten
Ziehen: 4–6 Stunden

Zutaten

4 feste, kleine Birnen
100 g Zucker | 150 ml Portwein
200 ml Rotwein | ½ Vanilleschote
1 Stange Zimt | 1 Sternanis
1 Msp. gemahlener Kardamom
Saft und etwas Schale von
1 unbehandelten Orange
½–1 TL Speisestärke

Zucker in einem großen Topf karamellisieren und mit Portwein und Rotwein ablöschen und aufkochen. Vanilleschote mit einem scharfen Messer längs aufschlitzen und das Vanillemark herausschaben. Vanillemark und ausgekratzte Vanilleschote, Zimtstange, Sternanis und Kardamom sowie Orangensaft und -schale dazugeben.

Birnen schälen, halbieren und das Kerngehäuse entfernen. Sofort in den köchelnden Rotweinsud legen. Die Birnen mit einem Teller beschweren, damit sie vollständig im Sud liegen. 10 Minuten köcheln, den Sud erkalten lassen und die Birnen darin einige Stunden ziehen lassen.

Die Birnen herausnehmen und die Sauce um zwei Drittel reduzieren. Die Gewürze entfernen, die Speisestärke mit etwas Wasser anrühren und in den kochenden Gewürzsud rühren. Diesen 5 Minuten köcheln lassen und heiß oder kalt mit den Birnen servieren.

Zitronenverbene-Honig-Joghurt

Ergibt 500 ml | Zubereitung: 20 Minuten

Zutaten

1 Handvoll getrocknete Zitronenverbene
Saft von 1 Orange und 1 Zitrone | 1–2 EL
Honig | 200 g Naturjoghurt | 50 g Sahne

Zitronenverbene mit Orangen- und Zitronensaft in einen Topf geben. Wasser zum Bedecken auffüllen. Aufkochen und 15 Minuten ziehen lassen. Durch ein Sieb abseihen und gut ausdrücken.

Den Sud mit Honig aufkochen und sirupartig reduzieren. Anschließend mit dem Joghurt verrühren. Die Sahne halb schlagen und ebenfalls unterrühren. Mit Honig abschmecken.

Nusspaste mit Bratapfel

Ergibt 300 g Paste und 8 Bratäpfelhälften
Zubereitung: 10 Minuten für die Paste, 10 Minuten für die Äpfel | Backen: 25–40 Minuten

Zutaten

Für die Paste
100 g gemahlene Haselnüsse, geröstet
100 g Marzipanrohmasse | 50 ml Orangenlikör | 50 g Orangenmarmelade (nach Belieben süße oder bittere) | frisch gepresster Orangensaft | 1 Eiweiß | 20 g Zucker

Für die Äpfel
4 Äpfel, entkernt und halbiert | 2 EL Zucker
1 TL gemahlenen Zimt | etwas frisch gepresster Orangensaft | 2 Zimtstangen

Haselnüsse mit Marzipanrohmasse, Orangenlikör und Marmelade in eine Küchenmaschine geben. Zu einer homogenen Masse mixen. Falls sie zu fest ist, etwas Orangensaft zugeben. Eiweiß mit Zucker zu cremigem Eischnee schlagen und unter die Paste ziehen.

Für die Bratäpfel den Backofen auf 180 °C vorheizen. Nebeneinander in eine flache Form setzen und in jede Apfelhälfte ½ Zimtstange stecken.

Zucker mit Zimt verrühren und über die Äpfel streuen. Orangensaft darüberträufeln. Die Äpfel je nach Größe 25–40 Minuten weich backen. Die heißen Äpfel mit der Nusspaste servieren.

Weißes Mandel-Schokoladen-Pesto

Ergibt 270 g | Zubereitung: 15 Minuten

Zutaten

70 g geschälte Mandeln | 100 g weiße Schokolade | 100 ml Sahne | 1 Msp. gemahlener Koriander | 3 EL Olivenöl

Mandeln trocken goldbraun rösten und im Blitzhacker hacken. Die Schokolade hacken.

Sahne mit Koriander erhitzen, den Topf vom Herd nehmen und Schokolade in der Sahne schmelzen. Mandeln und Olivenöl hineingeben, Pesto unter wiederholtem Rühren erkalten lassen.

Sobald es Zimmertemperatur hat, nochmals mit dem Rührgerät cremig rühren.

Minz-Zartbitter-Pesto

Ergibt 200 g | Zubereitung: 15 Minuten

Zutaten

1 Bund Minze, fein geschnitten
50 g Pinienkerne, geröstet | 80 ml Olivenöl | 150 g Zartbitterschokolade

Minze und Pinienkerne in einer Küchenmaschine mit Olivenöl fein pürieren.

Schokolade auf Wasserbad schmelzen und mit Püriertem verrühren. Vor Verwendung etwas anwärmen und aufrühren. Als Brotaufstrich oder zu Gebäck.

Ananassauce mit Honig und Zitronengras

Ergibt 600 ml
Zubereitung: 15 Minuten
Kochen: 20–25 Minuten

Zutaten

½ Ananas
1 Stange Zitronengras
4 EL Honig
Saft von 2 Zitronen
Saft von 1 Orange
200 ml Ananassaft

Ananas schälen, den Strunk entfernen und das Fruchtfleisch fein würfeln. Den Strunk mithilfe eines Entsafters (falls vorhanden) entsaften. Vom Saft 200 ml abmessen.

Zitronengras mit einem Messerrücken etwas zerdrücken und in 3–4 größere Stücke schneiden. Mit dem Honig, dem Zitronen- und Orangensaft sowie dem Ananassaft in einen Topf geben und 15–20 Minuten köcheln lassen.

Die Ananaswürfel in den Sud geben und 2 Minuten mitkochen. Durch ein Sieb abseihen, den Sud auffangen und wiederum aufkochen. Kochen, bis er sirupartig eingekocht ist. Mit den Ananasstücken verrühren und warm oder kalt servieren.

Tipp: Probieren Sie statt Zitronengras andere Aromen wie grünen Pfeffer, Vanille, Thymian oder frischen Koriander. Die Sauce schmeckt zu Eiscreme und Sorbets, zu Gebäck und Sandkuchen und natürlich auch zu Pudding und anderen Cremes.

Weiße Schokoladencreme
mit Blaubeer-Tartelettes

Ergibt 600 g
Zubereitung: 20 Minuten

Zutaten

Für die Schokoladencreme
50 g weiße Schokolade
½ TL Koriandersaat
100 ml Sahne
200 g saure Sahne

Für die Tartelettes
4 Mürbeteig-Tartelettes
200 g Blaubeeren
Puderzucker zum Bestauben

Die Schokolade hacken. Die Koriandersaat in einer Pfanne ohne Fett rösten und in einem Mörser sehr fein zerstoßen. Mit der Sahne aufkochen und über die Schokolade geben. Die Schokosahne lauwarm mit der sauren Sahne verrühren. Unter gelegentlichem Rühren erkalten lassen und mit dem Rührgerät nochmals aufmixen.

Auf jedes Tartelette etwas Creme geben und die Blaubeeren darauf verteilen. Mit Puderzucker bestauben und mit der restlichen Schokoladencreme servieren.

Minzpesto

Ergibt 200 ml
Zubereitung: 10 Minuten

Zutaten

2 Bund Minze
1 Bund Zitronenmelisse
2 EL geröstete Cashewnüsse
150 ml Olivenöl
2–3 EL Puderzucker
einige Spritzer Zitronensaft

Minze und Melisse waschen, trocken schütteln, zupfen und grob schneiden.

Die Cashewnüsse in einer Pfanne ohne Fett oder im Ofen goldbraun rösten, abkühlen lassen und mit den Kräutern in eine Küchenmaschine geben. Olivenöl, Puderzucker und Zitronensaft hinzugeben.

Die Zutaten zügig zu einer Paste pürieren und zu einem frischen Obstsalat servieren.

Tipp: Servieren Sie das Pesto zu frischen, leicht gezuckerten Beeren, zu marinierten Zitrusfrüchten oder süßem Gebäck. Mit etwas Erdbeerkonfitüre ist es ein toller Belag etwa für geröstete Briochescheiben oder Butterstuten. Das Pesto passt auch wunderbar zu Eiscreme und Joghurt.
Statt Zitronenmelisse und Minze können Sie auch Basilikum verwenden. Probieren Sie das süße Pesto auch mit Wildkräutern – schmeckt ungewöhnlich, aber lecker.

Mango-Buttermilch-Sauce

zu Pfannkuchen

Ergibt 500 ml | Für 4 Personen
Zubereitung: 5 Minuten

Zutaten

Für die Sauce
1 vollreife Mango
100 ml Buttermilch
Honig oder Sirup nach Geschmack
einige Zweige Basilikum

Für die Pfannkuchen
4 Eigelb
80 g Zucker
200 g Quark
etwas Abrieb von 1 unbehandelten Zitrone
3 Eiweiß
1 Prise Salz
50 g Milch
100 g Mehl
Butter und Öl zum Backen

Puderzucker zum Bestauben

Für die Sauce die Mango schälen und das Fruchtfleisch vom Kern schneiden. Das Fruchtfleisch mit der Buttermilch in eine Küchenmaschine geben und pürieren. Nach Belieben mit Honig oder Sirup süßen.

Für die Pfannkuchen das Eigelb mit dem Zucker schaumig rühren. Quark und Zitronenabrieb unterrühren. Das Eiweiß mit 1 Prise Salz steif schlagen und mit Milch und Mehl unter die Eigelb-Quark-Masse ziehen.

In einer Pfanne etwas Öl und Butter erhitzen. Von dem Teig Kleckse von 1–2 EL hineingeben und von jeder Seite goldbraun backen.

Basilikum waschen, trocken schütteln und die Blätter abzupfen. Die Blätter kurz vor dem Servieren fein schneiden und die Sauce damit bestreuen. Die Küchlein mit Puderzucker bestauben und alles zusammen frisch servieren.

Honigmelonen-Dattel-Mus

zu Vanilleeis

Ergibt 300 g Dattelmus und 700 Milliliter Vanilleeis
Zubereitung: 5 Minuten für das Dattelmus und 30 Minuten für das Vanilleeis
Tiefkühlen: etwa 30 Minuten – je nach Eismaschine

Zutaten

Für das Dattelmus
200 g Honigmelonenfruchtfleisch
100 g Dattelpaste
1 Msp. Vanillemark
etwas Abrieb von 1 unbehandelten Orange

Für das Vanilleeis
1 Vanilleschote
250 ml Milch
250 ml Sahne
4 Eigelb
80 g Zucker

Die Hälfte der Honigmelone würfeln, die andere Hälfte mit der Dattelpaste und dem Vanillemark und etwas Orangenabrieb pürieren. Die Melonenstücke zum Schluss unter die Paste rühren und diese bis zur Verwendung kühl stellen.

Für das Vanilleeis die Vanilleschote mit einem scharfen Messer der Länge nach aufschlitzen und das Vanillemark herausschaben. Milch und Sahne mit dem Vanillemark und der ausgekratzten Vanilleschote aufkochen.

Das Eigelb mit dem Zucker verrühren und mit der Milch-Sahne Mischung in einer großen Rührschüssel kräftig verquirlen. Die Schüssel auf ein heißes Wasserbad setzen und die Creme rühren, bis die Masse dicklich wird. Anschließend auf Eiswürfeln kalt rühren. In der Eismaschine nach Bedienungsanleitung des Herstellers cremig gefrieren.

Das Eis aus der Eismaschine nehmen und 20–30 Minuten im Gefrierschrank anziehen lassen. Anschließend zusammen mit dem Honigmelonen-Dattel-Mus anrichten.

Passionsfrucht-Quark-Creme mit Krümeln

Ergibt 4 Gläser
Zubereitung: 10–15 Minuten

Zutaten

Abrieb und Saft je von
1 unbehandelten Zitrone und Orange
500 g Sahnequark
50 g Puderzucker
15 Passionsfrüchte, ausgekratztes Mark
200 g Kekse, zerbröselt
Puderzucker zum Bestauben

In einer Schüssel je 2 EL Zitronen- und Orangensaft sowie Zitrusfrüchteabrieb mit Quark und Puderzucker glatt rühren. Anschließend die Masse auf 4 Gläser verteilen.

Passionsfruchtmark mit restlichem Orangensaft verrühren, auf dem Quark verteilen. Die zerbröselten Kekse ebenfalls darauf verteilen. Mit Puderzucker bestauben und sofort servieren.

Register

Bei mehreren Bildern auf einer Seite: Rezepte jeweils dazu von oben nach unten zu den Bildern im Uhrzeigersinn. Bei mehreren Salsa auf einem Foto: von oben nach unten. Sofern nicht anders angegeben, wird mit Ober/Unterhitze gebacken.